두 개의 생일이 생겼다

두 개의 생일이 생겼다

초판 1쇄 발행 2021년 12월 12일

지은이 유연승
펴낸이 장현수
펴낸곳 메이킹북스
출판등록 제 2019-000010호

디자인 이설
편집 이설
교정 안지은
마케팅 김예지
일러스트 유쥬이 (@ujoy_art)

주소 서울특별시 금천구 가산디지털1로 142, 312호
전화 02-2135-5086
팩스 02-2135-5087
이메일 making_books@naver.com
홈페이지 www.makingbooks.co.kr

ISBN 979-11-6791-062-2(03810)
값 12,800원

ⓒ 유연승 2021 Printed in Korea

잘못된 책은 구입하신 곳에서 바꾸어 드립니다.
이 책의 전부 또는 일부 내용을 재사용하려면 사전에 저작권자와 펴낸곳의 동의를 받아야 합니다.

홈페이지 바로가기

메이킹북스는 저자님의 소중한 투고 원고를 기다립니다.
출간에 대한 관심이 있으신 분은 making_books@naver.com로 보내 주세요.

두 개의 생일이 생겼다

유연승 지음

메이킹북스

프롤로그

 이 책은 저의 투병 생활의 기록인 동시에 사람들에게 들려주고 싶은 저의 이야기입니다. 견딜 수 없는 걸 견뎌내야 했고, 눈물이 차오르는 밤이 여러 번 있었지만, 무너지더라도 다시 희망을 좇으며 살아남았습니다. 일단 살아야 그 뒤가 있기 때문이죠. 그렇게 저는 기적을 만났습니다. 그리고 제게 일어난 기적이 누군가에게 희망이 되기를 바라며 이 글을 쓰기 시작했습니다.

 병상에 누운 채 매일 조금씩 다가오는 죽음의 공포에 떨던 그때, 저는 한없이 우울했습니다. 그러나 너무도 무기력했던 병원에서의 시간이 지나고 나니 삶의 소중함을 알게 되었습니다.

'앞으로 어떻게 살아야 하나?', '내가 정말로 이 고통을 모두 이겨낼 수 있을까?' 저는 인생을 결정짓는 수많은 질문을 스스로 할 수 있는 기회를 얻었습니다. 여태 세상이 정해 놓은 길을 걷느라 단 한 번도 자신에게 물어보지 못했던 아주 소중한 질문들이었죠. 아직 질문에 대한 답을 찾지는 못했지만, 분명 많은 도움이 되었다고 생각합니다.

'저 사람들의 건강이 부럽다.', '왜 나만 힘들고 아픈 것일까?', 스물두 살. 군대를 전역하고 정말 재미있는 삶을 살아가야 했던 그 시절 병실에 누워 완전히 의욕을 잃은 채 하루하루를 보낸 적도 있습니다. 남과 비교하는 것은 인생을 더 큰 비극으로 몰아가는 것이었는데, 그땐 그걸 모르고 있었습니다. 지금 돌이켜 보면 앞이 보이지 않을 정도로 컴컴한 어둠 속을 지나가고 있었습니다. 5년 전과 지금 바뀐 것이 무엇이냐고 물어본다면 저는 삶을 대하는 태도 즉, 마음가짐이 변했다고 자신 있게 말할 수 있습니다.

'이왕 이렇게 된 김에 하나님께 매달려보자. 그리고 기도하자. 나에겐 기도밖에 없다.'

저의 투병기엔 신앙을 빼놓을 수 없습니다. 정말 간절히 기도했습니다. 어렸을 때 그저 엄마 손 잡고 나갔던 교회. 나름 모태신앙임에도 불구하고 주님의 손을 붙잡아본 적이 없었습니다. 성경은커녕 기도하는 방법조차 제대로 몰랐죠. 두려움과 절박한 골방 속에서 정말 진실한 기도가 나온 것일까요? 저는 두 손을 모아 제대로 기도하기 시작했습니다. 그러나 기도하면 할수록 하나님을 원망했습니다. 저기 나쁜 짓 하는 사람들은 잘 살아가는데 나만 왜 이러고 있어야 하나 정말 억울했기 때문이죠. 그런데도 계속해서 기도했습니다. 그리고 하나님이 정말 살아계신다는 걸 알게 되었고, 믿게 되었습니다. '언제나 하나님은 내 편'이라는 믿음이 있었기 때문에 고통을 이겼다고 생각합니다.

지금도 병실에서 처절하게 싸우고 계신 분들이 많을 것으로 생각합니다. 굳이 혈액암이 아니더라도 마음의 상처로 인해 방에서 외롭게 계신 분이 있을 것입니다. 이처럼 본인의 삶이 불행하다고 느껴진다면 저의 이야기를 읽고 동질감을 느껴 보길 바랍니다. 또, '나보다 더 불행한 녀석이 있네?' 하며 위로받길 바랍니다. 다만, 글을 읽는 독자분들이 스스로 불행하다고 여기며 자책하지 말았으면 합니다. 우리는 그 누구보다 더 행복하게 살아갈 권리가 있습니다. 모든 병을 이겨냈을 때 한층 더 성장해 있는 본인을 상상하며 견뎌 내길 바랍니다. 모두 이겨낼 수 있다고 생각합니다. 이 책이 흘러가는 곳에 치유의 손길이 닿길 소망하고, 여러분들의 마음에 닿길 소망합니다.

목차

프롤로그　　　　　　　　4

Chapter 1

소망

1. 0.1%의 사나이　　　　　　　13
2. 내 불행의 끝은 어디일까?　　　23
3. 인생이란 무엇인가?　　　　　33
4. 먼지 쌓인 성경책　　　　　　41
5. 철저하게 무너지다　　　　　　49
6. 무너진 기둥을 다시 한번 세우다　63

Chapter 2

가둘 수 없어

7. 병원이라는 감옥   73
8. 나를 일으키는 힘   81
9. 저 구름 뒤엔 무슨 일이 벌어지고 있을까?   89
10. 가장 소중한 것을 내려놓다   97
11. 끝이라고 생각했던, 그곳에서 시작된다   107

감사

Chapter 3

12. 억지로라도 웃어 보자,
    거울 속에 비치는 넌 내가 아니야   117
13. 세상을 보는 눈이 바뀌다   123
14. 내가 나를 사랑해 보는 거야   131
15. 다시 태어나다   139
16. 난 확신해, 넌 이 세상의 빛이 될 거야   145

에필로그   152

Chapter 1

소망

1.
0.1%의 사나이

 나는 일란성 쌍둥이로 태어났다. 날 닮은 동생과 평생 친구처럼 지낼 수 있는 건 세상에서 가장 큰 축복이다. 그런데 모든 행운을 가지고 태어나서일까? 나는 어려서부터 운이 굉장히 없었다. 매 순간 안 좋은 것은 전부 나에게로 다가왔다. 평소에 나는 나의 행운을 남들이 훔쳐가는 기분을 자주 느꼈다.

 동생과 처음 핸드폰을 샀을 때였다. 하루하루가 행복했다. 아침마다 새로운 핸드폰을 향한 설렌 마음에 눈이 자동으로 떠졌다. 그런데 그 기분은 오래가지 못했다. 어느 날 갑자기 내 핸드폰 전원이 켜지지 않았다. 딱히 잘못한 건 없었는데 제품이 고장 난 것이다. 자세히 알아보니 불량이었고, 몇 개월 뒤에 또 다른 핸드폰을 구매할 수밖에 없었다.

그러나 며칠 전에 구매한 새로운 핸드폰이 또 말썽이었고, 다시 한번 구매를 하게 되었다. 새로운 물건을 구매하면, 예전에 가지고 있던 감정은 잊히기 마련이다. 그러나 당시 나는 새로운 핸드폰에 흥미가 없었다. 오히려 첫 핸드폰이 그리운 나머지 동생 핸드폰을 가지고 장난쳤다. 연속해서 3번이나 불량인 제품을 구매하기란 쉽지 않을 텐데 나는 그 정도로 운이 없었다.

친구들과 장난치며 놀면 항상 나만 걸려 혼이 났다. 그렇게 태어났을 때 모든 운을 다 써버린 나의 주변엔 불행이 가득했다. 그런데 엄마에게 하소연하면 엄마는 늘 '너는 세상의 빛이기 때문에 다른 친구들보다 항상 눈에 띄게 되어 있다'라며 나를 위로해 주었다. 이렇게 말해주는 엄마가 있다는 건 나에게 큰 행운이었다.

2012년 추운 겨울 입대했을 때 잊고 있던 나의 불행이 다가오기 시작했다. 훈련소에서 지내는 기간 동안 내가 가진 장구류는 모두 불량이었고, 심지어 동기들은 일주일에 한 번 서는 불침번 근무를 나는 순서가 꼬여 두 번씩 했다. 반면에 내 옆에 있는 친구의 장구류는 최상급이었고, 불침번 근무를 안 할 정도로 운이 좋았다. 나보다 운이 좋아 보였던 그 친구의 별명은 '럭키 가이'였다. '그래, 내가 가진 행운을 남들이 가져간다는 건 정말 행복한 일이야' 하며 스스로 불행하다는 걸 감추려 애썼다.

2014년 군대를 전역하고 위병소를 나올 때 나는 이 세상 모든 일을 다 할 수 있을 거란 생각이 들었다. 약간 아쉬움도 있었지만, 해방된 기분이 더 컸기에 발걸음이 정말 가벼웠다. 해외 어학연수도 다녀오고, 학교를 복학해 공부를 정말 열심히 했다. 성취감과 동시에 장학금도 받았다.

전국 S.F.C(student for christ) 학생 신앙 운동 학원 부총무로 일하게 되었으며 600명이 넘는 사람들 앞에서 공연을 하는 등 전역 후 내가 그린 모습들이 상상하는 대로 이루어지고 있던 것이었다. 나에게 있던 '불운'이 잊혀 가고 있을 정도로 행복했다.

한 학기를 마치고 동네 친구들과 재미있게 뛰어놀다가 넘어진 다음 날이었다. 갑자기 숨이 잘 쉬어지지 않았다. 일어서기 힘들 정도로 허리에 통증이 생겼다. 물을 마시면 목에 뼈가 걸린 것처럼 느껴졌다. '어제 저녁에 먹은 치킨이 목에 걸렸나' 생각하며 별 대수롭지 않게 넘어갔다.

잠을 아무리 많이 자도 피곤했다. 엄마는 매일 밤 늦게까지 친구들과 놀고 집에 들어왔기 때문에 피곤한 것이니 앞으론 일찍 들어와서 제대로 된 생활을 하면 금방 나아질 것이라 이야기했다. 그렇게 며칠이 지나도 여전히 피곤했다. 심지어 피곤함이 도를 지나치기 시작했다. 친구들과 다 같이 게임을 하고 있는데 혼자 마우스를 잡은 채 졸고 있었다. 분명 10시간 넘게 잠을 잤는데도 말이다.

가슴 통증은 더 심해졌고, 밥을 조금만 먹어도 포만감이 느껴졌다. 저녁을 같이 먹던 친구에게 '가슴이 너무 답답하고 잠을 자도 너무 피곤해. 아무래도 죽을병에 걸린 거 아닐까?' 하며 장난을 쳤다. 당시엔 큰 병이라 생각하지 못했고, 가만히 있으면 자연스럽게 치유될 것이라 생각했다.

한 학기를 마치고 여름 방학 한 달째 되는 날 가족끼리 여름휴가를 갔을 때 사건이 터지고 말았다. 샤워를 하던 중 가슴 통증으로 그 자리에 쓰러지게 되었다. 그리고 나는 정말 큰일이 생겼음을 직감할 수 있었다.

여름휴가를 마치고 바로 동네 병원에 갔다. 제일 심한 건 가슴 통증과 답답함이었기에 X-Ray를 먼저 찍어봤다. 당시 의사 선생님이 사진 결과를 보면서 "신생아 얼굴 크기 정도의 종양이 있습니다."라고 말씀하셨는데 평소에 운이 없다고 생각하고 살아왔기 때문에 이 정도 종양은 있을 것 같았다. 그리고 경솔하게도 별거 아니라 생각했다. 안 좋은 결과에도 담담하게 받아들였다.

수술만 하면 나을 수 있다는 말과 대학병원에서 다시 한 번 검사를 받으라는 소견서를 받아왔다. 대학병원으로 가서 조직 검사를 마치고 나는 친구들과 계곡에 놀러갔다. 가슴 통증은 여전히 심했고, 당연히 재미있게 놀지 못했다. 방 안에서 누워만 있었다.

다음 날 결과가 좋지 않아서 입원하라는 병원 전화를 받고 입원을 했다. 내가 처음 진단받은 병명은 '종격동 종양'이었다(종격동이란 심장과 폐 사이의 공간을 말한다).

병원이 동네에 있었기 때문에 친구들은 매일 병문안을

왔다. 거의 열 명이 넘는 친구들이 자주 놀러 와 이런저런 이야기를 하며 놀았다. 나의 병원 생활은 지루할 틈이 없었다. 그리고 종양은 수술로 나을 수 있다는 선생님 말에 큰 걱정 없이 2주라는 시간이 흘렀다.

병원에 입원했는데 2주 동안 아무런 치료를 받지 못했다. 그저 수액만 꽂고 있었다. 나는 수술 날짜를 잡는 게 이렇게 오래 걸리는구나 생각하며 하루하루를 보냈다. 그런데 어느 날 혈소판 수치가 너무 안 좋아 피 주사(수혈)를 맞아야 한다는 것이다. 엄마가 급하게 병원으로 왔다. 멀쩡한 아들에게 수혈을 하는 건 이해가 안 된다며 좀 더 큰 대학병원으로 가서 검사를 받아보고 싶으니 소견서를 작성해 달라고 요청했다. 그렇게 가게 된 병원이 '서울아산병원'이다.

동네 병원을 정리하고 아산병원 응급실에서 몇 가지 검사를 하고 집에 왔다. 너무 피곤해 잠에 들었는데 엄마의 통화 소리에 잠시 눈이 떠졌다. 그리고 수화기 너머 '골수 검사' 준비를 해오라는 말이 들렸다. 설마 내 이야기는 아니겠지 하며 다시 자려 했지만 불안해 잠이 오지 않았다.

내 이야기가 맞았다. 내일 아침 골수 검사를 해야 한다는 말에 밤을 새우고 병원을 갔다. 옷이 다 젖을 정도로 긴장을 했다. 얼마나 아플지 상상조차 가지 않았기 때문이다.

2015년 8월 27일, 그날은 나의 생일이었다. 그리고 그날, 나는 사형 선고를 받았다. 골수 검사 결과는 말 그대로 최악이었다. '림프종'으로 보이지만, '백혈병'에 조금 더 가까울 수 있다는 말이었다. 골수 내 암세포가 88%였고, 9월 1일부터 바로 치료 시작을 해야 한다는 것이다. 응급으로 입원을 했고, 주치의 교수님이 배정되었다. 나의 최종 병명은 한 번에 외워지지도 않을 정도로 길었다. 'T 세포성 급성 림프구성 백혈병'이었다. 일종의 혈액암으로 임파선 계통에 발생한 원인 불명 악성 종양이 심장과 폐 사이에 신생아 크기 정도의 종양이 자리 잡고 있었다.

주치의 교수님은 나에게 "1년에 7명 정도 걸리는 병입니다. 걱정하지 마세요. 제가 다 치료할 수 있습니다."라며 확신에 찬 눈빛으로 나와 엄마를 안심시켰다. 수술을 통한 치료는 굉장히 위험하고, 약물 치료를 통해 치료할 계획이라고 하셨다. 그 이야기를 듣자마자 나는 속으로 로또에 당첨이 되었다고 생각했다. 정말 극악의 불운인 로또 말이다. 앞으로 나는 무엇을 의지해야 하고, 어떻게 살아가야 하는 걸까?

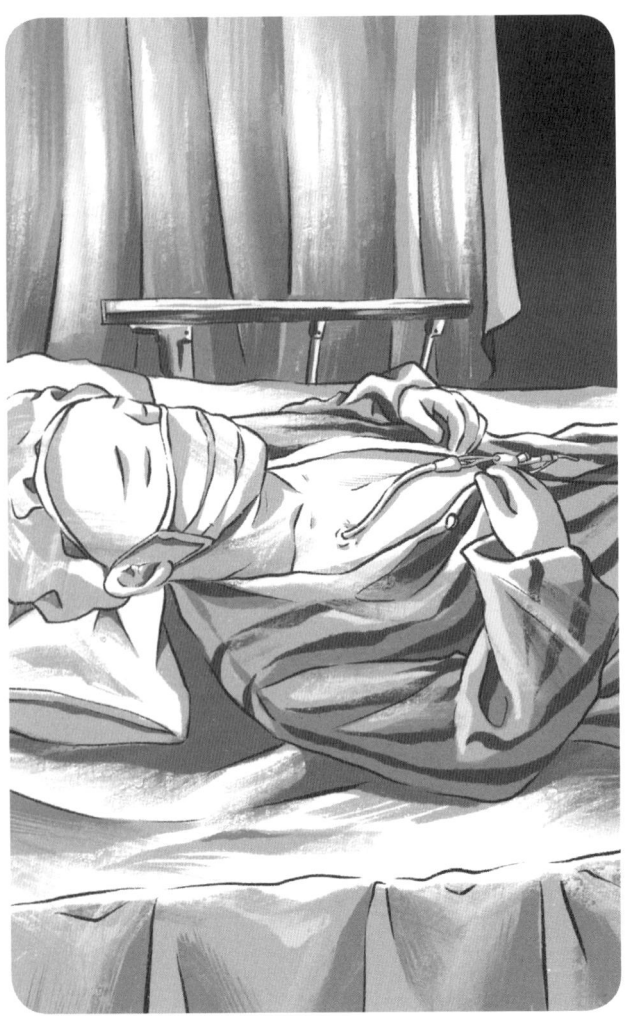

2.
내 불행의 끝은 어디일까?

입원해서 항암 치료를 하기 전까지 나는 덤덤했다. 현실을 받아들이기 힘들었던 것일까? 아무런 생각이 없었다. 항암제는 일반 약들과 달라 손등에 있는 혈관으로 들어가게 되면 혈관이 망가지기 때문에 심장 중심 정맥에 관을 삽입해야 했다. 당장 시술을 해야 한다는 말에 공포감이 엄습해오기 시작했다. 이름만 들어도 무서웠기 때문이다. 시술하러 들어가는데 의사, 간호사 선생님이 나의 긴장한 모습을 보고 별거 아니라는 말과 이런저런 이야기를 해주셨다. 다행히 시술은 잘 끝났다.

그런데 시술이 끝났음에도 상처에 붙여놓은 거즈는 계

속해서 빨갛게 물들었고, 피가 멈추지 않았다. 간호사 선생님들은 지혈이 되지 않아 일시적이니 관이 삽입된 부분을 꾹 눌러 제대로 지혈해 준다면 금방 피가 멎을 것이라며 거즈 교체만 해주셨다.

그렇게 13시간 동안 출혈이 멈추지 않았다. 새벽에 응급으로 확인해 보니 시술을 하던 중 의사 선생님이 찢어진 살을 꿰매지 않았던 것이다. 나와 이야기를 하느라 제대로 확인해 보지 않았던 것이 가장 큰 원인이었다. 그래서 새벽 늦은 시간 마취 없이 생살을 꿰맸는데 정말 아팠다. 당시 고통을 잊으려 손톱으로 팔뚝 살을 꼬집어 피멍이 생길 정도였다.

문제는 여기서 끝이 아니었다. 중심 정맥관에서 채혈이 되지 않았다. 말 그대로 시술을 엉망진창으로 했다. 병원에 항의를 해봤지만 시술 전 몇 장의 동의서에 서명했기에 책임은 나에게 있었다. 관을 다시 삽입해야 했고, 그

비용을 우리가 다시 내야만 했다. '서울아산병원 최초' 히크만 시술에 실패했다는 이야기를 들었다.

 다시 한번 불운의 시나리오를 써 내려가는 나의 모습이었다. 히크만 재삽입은 체력 소모가 심할 것 같아 우선 1차 항암 치료가 끝날 때까지 팔에서 채혈하기로 하고 대망의 첫 항암 치료가 시작되었다. 온몸이 사시나무처럼 떨렸다. 내가 느껴본 공포 중 가장 무섭다 해도 과언이 아니었다. 중심 정맥관을 타고 혈관으로 들어가는 항암제를 눈으로 보고 있자니 맨정신으로 있을 수 없어서 이어폰을 꽂고, 눈을 감은 채 누워 기도를 시작했다. 몸이 뜨거워지는 것을 제외하곤 별다른 통증은 없었다.

 그런데 후폭풍이 몰려왔다. 항암 치료는 항암제가 들어가고 나서부터 진짜 시작인 걸 그때 알게 되었다. 말로 표현하기 힘든 오심, 구토, 무기력증이 한 번에 덮쳐 왔다. 오심이 너무 심해 치킨 광고를 보고 구토를 할 정도였다. 앞으로 여러 번의 항암제를 더 맞아야 하는데 처음부터 이렇게 힘들어하면 안 된다 생각하고 다시 한번 마음을 다잡았다.

'난 반드시 이겨낼 거야.'
당시 나는 22세였고, 갓 군대를 전역하고 다이어트에 성공해 꾸미는 것에 관심이 많았다. 이것저것 좋은 옷도 입어보고, 예쁜 모자, 신발도 신어보고 싶었다. 그런데 현실은 그렇지 않았다. 항암제로 인해 머리가 다 빠져버린 것이다. 어린 나는 외적으로 망가지는 것에 대해 완전히 받아들이지 못했다.

하지만, 마음을 단단히 먹고, 씩씩하게 머리를 밀었다. 조금씩 자라나는 머리카락은 겨울철 힘없는 나뭇잎처럼 떨어지고 있었다. 다리부터 눈썹, 코털까지 몸에 있는 모든 털이 빠지기 시작했다.

거울을 보기가 힘들어 화장실 가는 게 제일 무서웠다. 위생상 문제로 하루에 한 번 반드시 샤워해야 했기에 샤워를 하는 시간을 제외하곤 거울을 보지 않았다. 그렇게 시간이 지나 몸에 있는 털이 전부 떨어져 나갔을 때 나는 거울에 있는 내 모습에 익숙해지길 원했다.

'내가 예전부터 가지고 싶었던 멋있는 모자들을 사서 쓰고 다닐 수 있겠구나.' 최대한 긍정적으로 생각하기로 했고, 내 모습에 조금씩 익숙해지기 시작했다.

백혈병 치료는 항암제를 통해 호중구 수치를 0까지 떨어뜨리고, 회복시키는 과정을 반복한다. 호중구는 백혈구 중에서 면역력을 담당하고 있는 중요한 세포이다. 환우들 사이에선 호중구 수치 0을 찍으면 바닥을 찍었다고 표현하는데, 바닥을 찍고 정상 수치를 회복하면 퇴원을 할 수 있는 것이다.

호중구 수치가 바닥을 쳤을 때 감염되지 않게 조심해야 한다. 만약 세균이나 바이러스에 감염되면 패혈증으로 이어지거나 죽는 경우도 있다. 현대 의학으로는 정상적인 백혈구와 비정상적인 백혈구를 구별해 죽이는 기술이 없기 때문에 모든 백혈구를 죽이는 치료법을 사용하고 있다.

나는 항암 치료 2주 만에 호중구 수치 0을 찍었다. 그런데 수치가 바닥을 찍은 당일 40도가 넘는 고열에 정신을 잃을 뻔했다. 심지어 오한까지 느껴 전신이 덜덜 떨리기 시작했다. 나는 혹여나 감염되어 이렇게 죽는구나 싶어 두 눈을 감고 죽음을 기다리고 있었다.

오한과 고열의 고통은 군대를 전역한 지 8개월 만에 다시 혹한기 훈련을 한다는 느낌으로 견뎌냈고, 옆에 있는 엄마를 안심시켰다. '마치 군대에서 혹한기 훈련하는 느낌이네. 익숙하다.'

혈액 수치가 바닥을 찍고 이틀이 지났다. 음식은 물론 물 한 모금 마시기 힘들었고, 정신력 하나만으로 버텼다. 수치가 정상으로 돌아오자 발열이 잡혔고, 오한도 사라졌다. 한 개의 고비를 넘겨낸 스스로가 정말 자랑스러웠다. 나중에 주치의 교수님에게 물어보니 바닥을 치면 고열이 나고, 회복하는 게 정상이라고 말해 주셨다. 앞으로 많은 과정이 남아 있지만, 그 역시도 이겨낼 수 있을 거란 자신감이 생기는 순간이었다.

1차 항암 치료의 핵심은 관해이다. 관해란 골수 내 비정상적인 암세포가 20% 미만으로 떨어진 상태를 말한다. 즉, 항암 치료의 성과가 얼마나 좋은지 골수 검사를 통해 확인해보는 것이다. 내가 살아온 날을 돌이켜 봤을 때 불운이 나를 덮쳐 관해가 안 되면 어쩌지 하는 불안감을 떨쳐내기 힘들었다. 관해가 이루어지지 않으면 여태 내가 했던 치료를 처음부터 해야 하므로 나는 좋은 결과가 나왔으면 하는 마음으로 기도하기 시작했다.

다행히 1차 항암 치료 시 관해가 성공적으로 이루어졌다. 검사 결과를 확인한 뒤 퇴원을 하면 되는데 이번에는 중심 정맥관(히크만)이 나의 발목을 붙잡았다. 관 삽입을 다시 해야 하는 것이었다.

'이제 집에 가서 조금 쉴 수 있으니 이 정도쯤은 가볍게 다시 할 수 있지' 나는 군대 휴가를 나가기 전 일 처리하는 느낌으로 다시 한번 수술대에 올랐다. 나를 괴롭히던 중심 정맥관 문제도 잘 마무리될 수 있었다.

1차 항암 치료를 무사히 마치고, 사람들에게 아픈 사실을 말할까 말까 많이 고민했다. 갑자기 몇 개월을 잠적하여 버린 것에 미안한 마음도 있었지만, '교회 다니는 녀석이 백혈병이라고? 네가 믿는 신은 없어.'와 같은 비난이 두려웠다. 고민 끝에 SNS에 사진과 글을 올렸다. 다행히도 내가 했던 걱정은 괜한 걱정이었다. 정말 많은 연락과 관심, 응원에 힘입어 병을 이겨낼 수 있는 용기가 생겼다. 그렇게 나의 불행은 끝이 보이는 것 같았다.

3.
인생이란 무엇인가?

 2014년 유명한 스트리머가 '발암이네, 암 걸리겠다'라는 말을 사용하기 시작했다. 사람들의 반응이 재미있었고, 정말 무서운 '발암'이란 단어는 새로운 유행어가 되었다. 나 역시 처음엔 재미있어서 자연스럽게 그 유행어를 사용했다.

 '말이 씨가 된다'는 속담이 있듯 내가 진짜 암에 걸리고 말았다. 그 후로 나는 말 한마디의 중요성을 깨닫게 되었다. 반복적으로 생각하고 말하는 습관이 생기면서, 함부로 말하지 않으려 노력했다. 무의식의 힘이란 굉장히 강력하기 때문에, 내가 무심코 뱉는 말이 현실이 될 가능성이 있는 것이다. 여러 가지 자기 계발 서적을 읽다 보면 공통으로 등장하는 내용을 볼 수 있다. '할 수 있다'와 같은 말을 반복적으로 말하는 경우 나도 모르게 무의식에 불가능한 일을 해내는 경우이다. 나는 그런 무의식의 힘을 무시한 채 재미있다는 이유만으로 '발암'이라는 단어를 입에 올린 것을 굉장히 후회했다. 물론 내 무의식과 별개로 병이 발병했을 수도 있다.

우선 나는 내 주변 사람들에게 암 걸리겠다는 유행어를 사용하지 말라고 부탁했다. 누군가는 재미있게 사용하는 '암 걸리겠다'라는 표현이 다른 누군가에겐 큰 상처가 될 수도 있었다. 무의식의 힘에 대해 말하지 않았지만, 혹시라도 그런 말을 사용하는 지인들이 나처럼 아프게 되면 안 된다는 생각도 있었다. 좋지 않은 단어가 계속해서 입에 오르내리는 것 또한 마음에 들지 않았다.

1차 항암 치료가 끝난 뒤 3주 정도 휴식 기간을 가졌다.

집으로 돌아와 책가방과 옷가지들을 보니 다시 한번 눈물이 쏟아졌다. 집의 분위기와 애정이 나에게 밀려들었고, 내 마음은 세상 모든 것에서 버림받은 불행에서 애틋함과 감사함으로 가득 찼다. 그러나 이 모든 것은 예전의 내 것이 아니었다. 몇 달 전의 나와 지금의 나는 완전히 다른 사람이었다. 머리카락은 하나도 없었고 가슴엔 중심정맥관이 삽입되어 있었다. 불행이 한번 찾아오면 나를 놓아주지 않았기 때문에, 나는 이렇게라도 찾아온 감사를 잊지 않으려 노력했다.

병원에서 퇴원하기 전 군대 이등병 휴가 때 경험을 살려 메모장에 먹고 싶은 것을 기록했다. 면역력이 낮은 상태여서 아무거나 먹어선 안 되기 때문에 의료진 선생님들에게 메모장을 보여주고 허락을 받았다. 먹고 싶은 것을 마음대로 먹을 수 있는 삶이 얼마나 행복했는지 새삼 느끼게 되었다.

먹고 싶었던 피자와 치킨도 먹었고, 친구들을 집에 불러 같이 놀기도 했다. 병실에서 부르지 못했던 노래도 실컷 부르고 나름대로 아픈 걸 잊어보려 노력했다. 휴가 기간 매주 외래 진료를 받아야 했고, 중심 정맥관 소독을 하러 병원에 갔다. 왔다 갔다 움직이기 힘들었지만, 지루한 병원보다 집에 있는 게 좋았다.

병원에서 2차 항암 치료 입원 날짜를 잡아주었다. 입원해서 보니 처음 보는 환자분들도 있었고, 익숙한 환자분들도 있었다. 두 번째 항암 치료는 얼마나 힘들지 상상하기 싫었지만, 항암 스케줄 표를 받고 다시 한번 정신력을 잡기 위해 기도를 했다.

불과 몇 년 전 백혈병은 치료 중 거의 대부분의 사람이 사망했다. 희귀암에 속하는 백혈병은 불치병에서 난치병으로 바뀐 지 얼마 안 되었다. 병이 생기는 환자 수가 적어서 서로 다른 사람들이 맞아야 하는 항암제의 정량이 얼마인지 정확히 계산하는 방법이 없었다고 한다.

2차 항암 치료는 주치의 교수님께서 약간 높은 양의 항암제를 처방해 주셨다. 나이도 어렸고 이 정도 항암제는 견뎌낼 수 있을 것 같다는 것이었다. 병을 없애는 데는 효과적이었지만 치료 과정에서 나는 심각한 부작용을 경험하게 된다.

항암 스케줄을 받으면 투여받을 약에 대해 꼼꼼하게 설명해 주신다. 그때마다 나는 약에 대한 효과보다 부작용에 대해서 먼저 물었다. 보통 감기약을 먹으면 열이 내려가는 것을 떠올리기 마련인데 항암제는 반대로 열이 올라간다. 구토와 설사를 멈추기 위해 약을 먹는데 항암제는 구토와 설사를 유발한다.

스케줄표를 받은 나는 구토, 오심, 설사, 무기력증, 출혈성 방광염 등등 부작용에 대해 심적으로 미리 대비하고 있었다. 그런데 항상 나에게는 남과 다른 불행이 작용하는 걸 잊고 있었다. 종이에 적혀 있지 않은, 내가 심적으로 대비하지 못한 부작용이 발생하기 시작한 것이다. 항암제를 처리하는 과정에서 신장이 망가져 버렸다. 얼굴을 포함해 온몸이 부어올랐다. 이번 주말까지 계속 부어오르면 신장 투석을 고려해야 한다는 말에 무서웠지만, 마음의 준비를 하고 있었다. '갈 때까지 가 보자.'

생각보다 결과는 좋았다. 며칠 뒤 신장은 정상으로 돌아왔다. 수치도 쭉쭉 내려가고 있었다. 그러던 중 어느 날 새벽이었다. 옆에 계신 분의 울음소리, 엄마가 나를 부르는 소리, 수많은 의료진 선생님들의 발소리에 잠을 깼다. 모두 나를 쳐다보고 있는 상황에 나는 속으로 몹시 당황하고 있었다. 내가 눈이 뒤집힌 채 약 30분가량 기절했다는 것이다. 옆에 계신 분은 내가 잘못된 줄 알고 무서워서 통곡을 하셨고, 엄마도 불안해서 나를 계속 부른 것이었다. 아직도 정확한 기절 원인을 모르지만, 나는 깊은 생각을 할 수 있었다. 외부 세계에 집중하기보단 온종일 나의 내부에 귀를 기울였다.

인생이란 무엇일까? 불현듯 떠오르는 이 질문은 누구든지 한 번씩 경험해봤을 것이다. 나는 실제 죽음과 이 질문을 연관 지어 생각할 수 있는 기회를 얻었다. 내가 진짜 이렇게 죽는다면 내가 그토록 열심히 살아도 아무것도 아닐 텐데, 앞으로 나는 무엇을 해야 하고 어떻게 살아야 하는 걸까? 그리고 내가 이 세상에 태어난 이유는 무엇일까? 삶에 대해 진지하게 고찰하는 시간을 가졌지만, 아직 정확한 해결책은 찾지 못했다.

하지만 나에게 다시 한번 살아날 기회가 있다면, 말도 안 되는 기적이 다가온다면 헛된 인생을 살지 않을 것이라는 마음을 가지게 되었다. 내일이 너무나도 간절했다.

4.
먼지 쌓인 성경책

나는 어려서부터 교회에 다녔다. 좀 더 정확히 말하자면 엄마 배 속에서부터 신앙생활을 시작한 모태 신앙이다. 교회를 다니는 이유에 대해 많은 사람과 이야기해 본 결과 교회에서 주는 문화상품권을 받기 위해, 고기를 먹기 위해, 이성 친구를 만들기 위해 등등 각자 다양한 이유를 가지고 출석하고 있었다. 정작 성경이 궁금하고, 신앙을 가지기 위해 교회에 나오는 또래 친구들은 거의 없었다. 나 역시도 어려서부터 신앙생활을 했지만, 친구들과 놀기 위해 교회에 다녔다. 그 때문에 제대로 된 신앙생활은커녕 성경에 대한 지식조차 없었고, 기도하는 방법도 잘 몰랐다.

힘든 일이 시작되거나 정말 간절하면 두 손이 모인다. 나는 군대에서 제대로 된 신앙을 가지기 시작했다. 운전병으로 평일엔 운전하고 주말엔 군종병으로 일하며 전역할 때까지 교회 예배에 헌신을 했다. 전역한 뒤로는 술을 거의 입에 대지 않았다. 해외 선교도 다녀오고, 전국 학생 신앙 운동(S.F.C student for christ) 학원 부총무로 일할 정도로 열심히 교회를 다녔다. 그리고 주변 사람들에게 교회 다니는 것에 대해 말하고 다녔다.

중심을 잃지 않고, 올바른 길만 간다면, 나를 통해 많은 사람이 교회를 다니게 되리라 생각했다. 그러나 정말 아이러니하게도 전도의 비전을 가지고 열심히 신앙생활을 하던 내가 갑자기 백혈병에 걸리고 말았다. 많은 사람이 속으로 손가락질했을 것이다. 나보고 그 와중에도 기도를 한다며 네가 믿는 하나님은 없다고까지 이야기하는 사람도 있었다.

나는 하나님이 나를 분명 어딘가에 크게 쓰실 것이라 믿었고, 불신자들은 나를 보고 교회 욕을 하기 시작했다. 이 모든 상황을 지켜본 내게는 반드시 살아야 할 이유가 하나 더 생겼다. 보기 좋게 살아나서 큰일을 해야겠다는 다짐을 하게 된 것이다.

그런데 다짐은 오래가지 못했다. 혈액으로 들어가는 항암제를 보자 살짝 억울해졌다. 왜 내가 이렇게 아파야 할까? 술을 마시지 않았고, 담배도 피우지 않았다. 그 누구보다 착하고 성실하게 살아왔다고 생각한다. 그런데 저기 온갖 나쁜 짓을 하는 사람들은 멀쩡하게 가슴 펴고 살아가는 게 이해가 안 됐다. 정말 하나님이 살아 계신다면 나쁜 짓을 하는 사람들을 데리고 가야 하는 게 당연했다.

많은 사람이 일이 잘못되거나 제대로 풀리지 않을 때 원인을 상대에게로 돌린다. 책임지는 것보다 남 탓하는 게 더 쉽고, 편하기 때문이다. 그러나 손가락질을 하게 되면 검지는 상대를 향하지만, 나머지 손가락은 나를 향해 있다는 걸 잊어선 안 된다.

독일의 재무부 장관을 지낸 '마티 바덴'이라는 사람의 이야기가 생각났다. 그 사람은 모든 일을 긍정적으로 보고 매사에 늘 감사하는 마음으로 임하여 국가를 위해서도 큰 공헌을 했다. 그는 젊은 시절 어느 지방에 여행을 갔다가 돈이 없어서 싸구려 여관에서 하룻밤을 묵게 되었다.

다음 날 일어나 보니 구두가 없어진 걸 확인했다. 새벽에 도둑맞은 것이었다. 구두를 사러 갈 돈도 없었던 그는 화가 나서 '하나님, 나같이 가난한 사람의 신발을 훔쳐 가게 하시다니'라며 아무 관련 없는 하나님을 원망했다.

그날은 주일날이었는데 여관 주인이 창고에서 헌 신발을 빌려주며 같이 교회에 나가자고 했다. 다른 선택권이 없던 그는 신발을 빌려 신는 조건으로 마지못해 교회에

끌려갔다. 남들은 다 찬송하고 기도하는데 그는 그러지 못했다. 구두를 도둑맞은 것 때문에 화가 풀리지 않았기 때문이다. 그러다 바로 옆에 있는 사람을 보니 다른 사람과 마찬가지로 똑같이 찬송하는데 눈물을 흘리며 간절한 기도를 하고 있는 것이었다. 그래서 자세히 보니 그 사람은 두 다리가 없는 사람이었다. 그 자리에서 바덴은 큰 충격을 받고 자기 자신을 다시 돌아볼 수 있었다고 한다.

"저 사람은 신발을 잃어버린 정도가 아니라 두 다리를 전부 잃어버렸으니 신발이 있어도 신을 수 없겠구나! 그에 비하면 나는 신발만 잃어버렸으니 신발이야 없으면 사서 또 신으면 될 것을 괜스레 남을 저주하고 하나님까지 원망하였구나!"

그 후로 바덴은 인생관이 달라져서 자기에게 없는 것보다 있는 것이 더 많다는 사실을 알게 되어 남을 원망하지 않고 매사에 긍정적으로 살아가는 사람이 되었다고 한다.

우리는 스스로 없는 것보다는 가진 것이 더 많다는 사실을 망각한 채 살아간다. 주어진 삶에 감사하지 못하고, 불평과 불만으로 세상을 살아간다. 당연히 하는 일은 쉽게 풀리지 않고 만나는 사람마다 싫어하게 되는 것이다. 내가 가지지 못한 것을 다른 사람과 비교하면 스스로 초라해지고 불행해진다.

나 역시 항상 남들과 비교하는 삶을 살았다. 특히 건강을 잃어버렸을 때, 상황 탓, 남 탓을 하며 건강하지 못한 정신을 가지고 있었다. 이식을 받은 후 나의 모든 화살은 동생에게 날아갔다. 그는 나와 비슷하게 생겼고, 내가 아프지 않았다면 분명 비슷한 삶을 살았을 텐데 나는 그렇게 살고 있지 못했기 때문이다. 화장실 한번 걸어갈 힘이 없어 누워만 있어야 했던, 내 불쌍한 처지를 탓하며 괜히 동생이 좋은 걸 하면 부러워했다.

백혈병에 걸린 것은 온전히 내 탓이고, 남을 원망할 필

요도 없었다. 그리고 나쁜 짓을 하는 사람들은 그냥 나쁜 사람일 뿐이다. 내가 아픈 것과 그들이 잘 살아가는 것은 애초에 비교 대상이 아니었다. 하지만 몸이 너무 아팠던 나는 마음까지 아프게 되었고, 정상적인 사고를 하지 못했다. 자책했고, 나보다 잘 살아가는 남을 미워했다. 몸이 망가지면 정신도 망가진다는 게 어떤 의미인지 제대로 깨닫게 되었다.

당연히 성경과 거리가 멀어지기 시작했다. 내가 믿는 하나님을 부정하기 시작했고, 안 좋은 생각은 꼬리에 꼬리를 물고 점점 더 악화되고 말았다. 나를 위해 기도하는 사람들이 많은데, 모든 걸 뒤로한 채 '불운 제조기', '0.1% 사나이', '세상에서 제일 불쌍한 사람은 나야' 등 부정적인 생각이 머릿속을 지배하기 시작했다. 고작 2번의 항암 치료에 나의 기도는 멈췄고, 성경책에는 먼지가 쌓이기 시작했다. 그렇게 끝난 줄 알았던 불운의 씨앗이 더 크게 자라나기 시작했다.

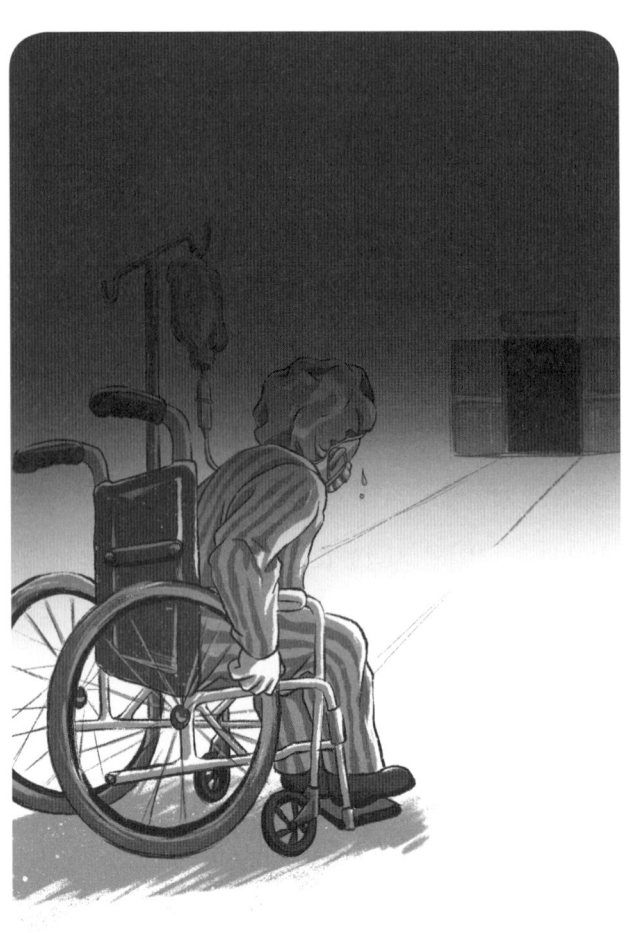

5.
철저하게 무너지다

  2차 항암 치료를 마치고 휴가를 왔다. 이미 항암제로 망가져 버린 몸으로 이전과 같은 휴가를 즐길 수 없었다. 손가락에 있는 신경계가 망가져 감각을 잃었다. 젓가락질을 할 수 없어 포크로 음식을 먹었다. 손을 절대로 멈춰선 안 된다며 신신당부하는 의료진 선생님들 말을 새겨듣고 어떻게 하면 계속해서 손가락을 사용할 수 있을까 고민을 하던 중 키보드를 하나 구매해서 타자 연습을 했다. 손에 감각이 없으니 타자 치기도 힘들었다. 마치 장갑 여러 겹을 끼고 움직이는 것 같았다. 손에 있는 감각이 돌아오길 간절히 바라며 마사지하고, 최대한 열심히 움직이려 노력하며 휴가를 보냈다. 추운 겨울이 다가왔고, 하늘에선 눈이 내리고 있었다.

혹시라도 추운 날씨에 감기에 걸릴까 꽁꽁 싸매고 병원을 다녀왔다. 어느 순간부터 추위를 견디는 게 정말 힘들어졌다. 3차 항암 치료를 시작하려고 입원 준비를 마치고 병원으로 갔다. 이번 항암 치료를 잘 마치고, 골수 이식까지 받고 나면 정말 힘든 치료는 마무리되기에 마지막까지 최대한 노력해서 버티기로 했다.

나는 일란성 쌍둥이기 때문에 골수 이식에 큰 걱정이 없었다. 동생의 골수(조혈모세포)를 이식받으면 되는 것이었다. 사람들은 이식받을 수 있는 확정된 골수가 있다는 게 너무 부럽다고 이야기했다. 대부분의 환우는 본인의 유전자와 맞는 골수를 찾기 힘들었고, 제때 이식받지 못해 결국 본인 골수를 이식하는 경우도 있었다. 자식의 골수는 50% 일치하기 때문에 반 일치 이식을 하는 경우도 있었다. 결과적으로 보면 당연히 100% 일치하는 골수를 이식받는 게 가장 좋았다.

그런데 주치의 교수님이 한국에선 사례가 없으니 조금만 기다려 보자고 하셨다. 일란성 쌍둥이가 T세포 급성 림프구성 백혈병에 걸린 경우는 내가 한국 최초였던 것이다. 한국 최초로 일란성 쌍둥이의 골수를 이식받아 생존하면 나는 좋은 사례가 될 수 있다는 생각에 살짝 어깨가 으쓱했다. 기필코 생존해야겠다는 다짐을 다시 한번 굳히게 되었다.

며칠 뒤 교수님은 뚜렷한 해결책을 찾지 못하셨다. 혹시 외국에 사례가 있는지 검토해 보고, 여러 논문을 읽어 보고 결정을 하는 것이 좋을 것 같다며 다른 형제가 있으면 혈액 검사를 진행하자고 하셨다.

그렇게 큰형이 혈액 검사를 했고, 유전자가 100% 일치했다. 이것은 정말 기적이었다. 불행했던 내 인생에서 행운이 나타나고 있었다. 그러나 나는 이왕 골수 이식받는 거 큰형의 골수보단 나랑 똑같은, 내가 제일 아끼는 분신

같은 동생의 골수를 받고 싶었다. 동생의 따뜻한 피가 내 몸 안에 있다면 뭔가 든든하고, 좋을 것 같았다.

교수님께서 해외 논문과 일란성 쌍둥이 결과를 가지고 오셨다. 쌍둥이의 이식은 5년 생존율이 너무 낮았고, 재발 확률이 높았다. 새로운 골수와 기존의 골수는 이질적인 면이 있어야 암세포를 잡아낼 수 있다. 만약 내가 동생의 골수를 받게 된다면, 암세포는 나의 골수로 인식을 하고 전부 잡아먹게 될 것이라 설명해 주셨다. 즉 동생 골수는 이식받아봐야 암세포의 먹잇감이 되는 것이다. 동생의 골수를 받지 못한 것에 대한 아쉬움, 형의 골수를 받을 수 있다는 행복, 이식 거부 반응에 대한 두려움 등 그때 나의 심정은 만감이 교차했다.

병실에서 환우분들이 큰형의 골수를 기증받는 것에 대해 축하해 주셨다. 그리고 3차 항암 치료를 시작했다. 엄마는 나의 병간호를 계속해 왔고, 지칠 대로 지쳐 있었다.

그래서 동생이 학기를 마치고 겨울방학을 맞이해 병원으로 오게 되었다.

너무나도 추웠던 겨울, 2015년 12월 20일, 오른쪽 배에 통증이 시작되면서 사건이 시작된다. 크리스마스를 일주일 정도 남겨두고 레지던트와 간호사 선생님들에게 배가 너무 아프다고 말했다. 내가 화장실을 제때 가지 않아서 아픈 것이라고 설사약과 진통제를 처방해 주셨다. 동생이랑 매일 장난을 치며 병원 생활을 하니 지루하지 않았고, 통증은 진통제로 잡히고 있었다.

크리스마스날 교회에서 케이크를 들고 병문안을 왔다. 병실엔 면역력이 저하된 환자분들이 많았기에 1층 로비에서 사람들을 만났다. 정말 오랜만에 보는 사람들이 응원해 주니 힘도 넘쳐 났고, 차가운 바람보다 따듯한 바람이 내 마음속으로 들어왔다. 지금은 배가 살짝 아픈 것 말고 수치도 점점 바닥을 치고 있어서 조만간 퇴원을 할 수 있을 것이라는 말을 전했다. 마스크 잘 쓰고 다음 주 2016 송구영신 예배에서 보자는 말을 했다. 받은 케이크는 간호사 선생님들과 나눠 먹으며 행복한 크리스마스를 보냈다.

12월 31일 저녁 수십 번의 구토를 했고, 우측 배의 통증은 더 심해졌다. 아무리 진통제를 먹어도 통증이 완화되지 않아 스스로 큰일이 났음을 감지했다. 응급으로 CT 촬영을 요청했고, 새벽부터 물을 포함해 모든 음식을 먹지 못했다. 결과는 최악이었다. 맹장이 터져 지금 당장 수술을 해야 했다. 안 좋은 일은 한 번에 온다고 했던가. 호중구 수치는 0으로 바닥을 쳤다. 평소였으면 곧 집에 가겠구나 싶어 기분이 좋아야 했는데, 하필 이렇게 중요한 시기에 수치가 0이 된 걸 확인한 나는 절망에 빠졌다.

'그래…. 나는 애초에 운이 없었잖아.'

신년을 맞이해 병원에 상주해 있는 의사 선생님이 많이

없었다. 심지어 내 옆엔 엄마도 없었다. 주치의 교수님도 없었다. 외과 담당 주치의 교수님의 전화 한 통이 끝이었다. 수술 집도는 실력 있는 레지던트가 할 예정이니 걱정하지 말라는 것이었다. 그렇게 몇 시간 후 서류 2장이 나에게 도착했다. 수술이 잘못되어도 병원 책임이 아닌 것을 확인시켜주는 종이였다. 나는 종이에 사인 한 번으로 내 목숨을 스스로 책임져야 했다.

"지금 호중구가 없어서 아무리 깔끔한 환경에서 수술해도 감염이 불가피합니다. 수치가 정상으로 돌아왔을 때 수술하면 제일 좋은데, 현재 맹장이 터져 염증이 대장까지 번질 수 있는 상황이니 바로 수술을 해야 합니다."

의사 선생님 말씀대로라면 나는 수술을 해도 감염으로 죽을 것이고 안 하면 충수염으로 죽는 것이었다. 그러나 우측 배에 통증이 너무 심해 기다릴 수 없었다. 당장 수술을 해야겠단 생각에 혼자 두 장의 서류에 서명했다. 사람은 이렇게 죽는구나. 너무 무서웠고, 외로웠다. 흐르는 눈물을 닦으며 죽음을 기다리는 내 모습이 너무 초라해 보였다.

 몇 시간 뒤 교회 목사들과 부모님이 급하게 병원으로 왔다. 갑자기 수술을 해야 한다니 모두가 놀랐던 모양이다. 나는 수술실 바로 앞까지 목사님 기도를 받으며 도착했다. 이제부터 보호자 입장이 안 되니 혼자 들어가야 한다는 소리를 들었다. 통증 때문에 걷기가 힘들어 휠체어를 끌고 가는데, 갑자기 너무 억울했다. 계속해서 아프다고 이야기했는데, 설사약에 진통제만 처방해준 의사 선생님이 너무 원망스러웠다. 나는 도저히 이렇게 생을 마감하고 싶지 않았다. 씩씩한 모습은 온데간데없고, 나는 처음으로 목사님 앞에서 욕을 하며 소리쳤다. 정상적인 사고를 할 수 없었다.

 "나는 이 세상에서 제일 불쌍한 사람입니다. 어떻게 이런 안 좋은 일들만 나에게 일어나는 거죠? 정말 하나님이 계신다면 나에게 이런 큰 시련은 없어야 합니다. 나눠서 오는 불행은 감당할 수 있지만, 악재가 한 번에 덮치니 한계에 부딪힌 것 같습니다. 하고 싶은 것도 많고, 이루고 싶은 일도 많은데 이렇게 죽기 싫어요." 마지막 말을 남기고 나는 수술실로 휠체어 바퀴를 굴리기 시작했다.

혼자 추운 수술실 앞에 덩그러니 앉아 있었다. 눈물범벅이 되어 유난히 더 춥게 느껴졌다. 이젠 통곡하며 울어도 소용없었다. 사람은 죽음 앞에서 한없이 초라해진다는 게 무슨 말인지 온몸으로 체험하고 있었다. 그런데 갑자기 옆에서 누군가가 나를 불렀다.

"어머, 연승 씨 안녕하세요? 저 기억나세요? 84 병동에 계실 때 1차 항암 치료를 도와준 간호사입니다. 힙합을 좋아하셔서 매일 멋있는 모자를 쓰고, 일란성 쌍둥이 동생이랑 즐겁게 다니던 모습이 아직 기억이 나네요. 오늘 수술에 제가 마취를 담당하게 됐으니 걱정하지 마세요."
지독하게 외롭고 두려움과 공포에 사로잡힌 나에게 간호사 선생님이 따듯하게 다가왔고, 나를 위로해주었다. 서러움이 폭발하며, 나는 대성통곡을 했다.

"내 인생이 너무 불쌍해서 눈물이 멈추질 않아요, 진짜 딱 한 번만 살았으면 좋겠습니다."

그래도 아는 사람이 수술하는 동안 옆에 있어 준다니 외로움이 덜해졌다. 그렇게 아주 차가운 수술대 침대에 천천히 올라갔다. 마취 1단계, 2단계 제발 눈이 떠지길 기도하며 천천히 호흡하며 두 눈을 감았다.

정신이 몽롱하며 눈이 떠졌다. 이곳은 회복실이니 천천히 호흡하면 된다고 이야기했다. 나는 두 눈이 떠진 것에 무한한 감사를 느끼고 있었다. 진통제를 투여했으니, 더 아프면 말하라는 말과 함께 나를 병실에 옮겨줄 사람을 기다리고 있었다.

나중에 엄마에게 이야기를 들어보니 2시간 30분이면 끝날 수술을 나는 6시간 넘게 했다고 한다. 그동안 밖에 있는 사람들은 얼마나 애가 탔을지 상상이 안 간다. 다행히 수술은 잘 마무리되었고, 나는 병실로 왔다. 새벽이 되자 말도 안 되는 통증이 밀려오기 시작했다. 너무 괴로워 마약성 진통제인 모르핀을 처방받았다. 통증은 아주 잠깐 잡혔고, 구름에 떠 있는 기분이 들었다. 통증이 없으니 뭐든지 할 수 있을 거란 자신감마저 생겼다. 지속해서 모르핀을 맞게 되면 의존성이 심해질 것 같았다.

그런데 약 효과가 떨어지자마자 통증이 더 심하게 느껴졌다. 항암제 부작용으로 구토는 계속 나왔고, 그때마다 온몸의 살이 찢어지는 고통을 느꼈다. 내가 할 수 있는 거라곤 정신력 하나로 버텨내는 것뿐이었다.

나의 가슴엔 항바이러스제, 항생제, 비타민, 단백질, 혈소판, 헤모글로빈 등 족히 열 개가 넘는 주사가 흘러들어가고 있었다. 혈관 속엔 수십 가지의 약물이 흐르고 있었다. 과연 내 혈액엔 정상적인 피가 흐르고 있을까? 나는 약물로 인해 무너지고 있었다.

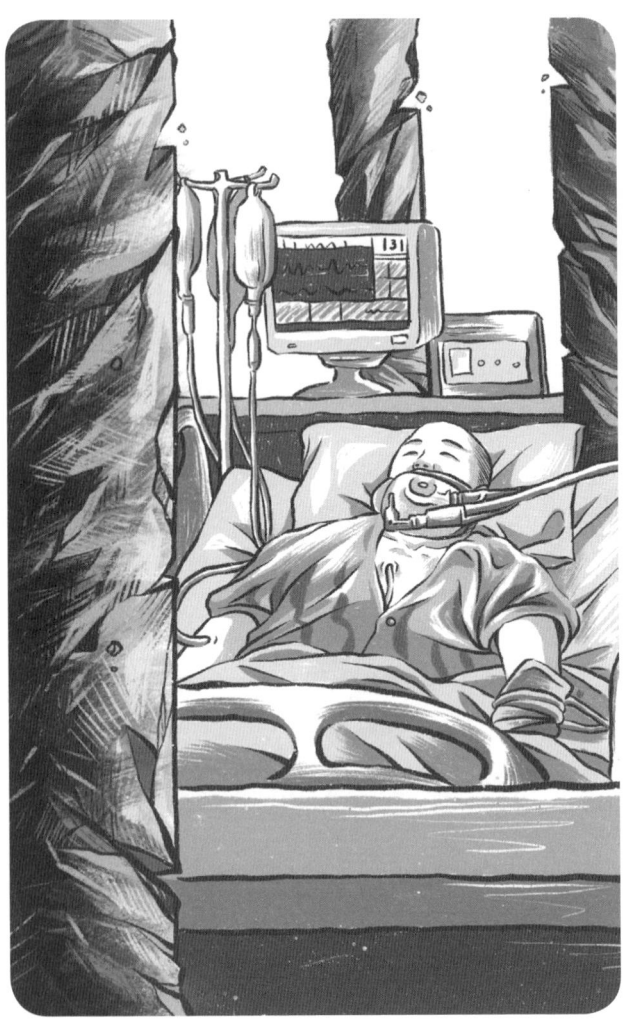

6.
무너진 기둥을 다시 한번 세우다

맹장 수술이 끝난 지 하루가 지났을 때. 오른쪽 배의 통증이 너무 심해 호흡을 제대로 하지 못했다. 내 모습을 본 간호사 선생님이 옆으로 왔다. 산소 포화도가 급격히 내려가고 있어 기도에 호흡기를 삽입해야 한다는 것이었다. 아침에 찍은 X-Ray엔 폐에 물이 찼다는 소견까지 있었다. 그리고 의료진 선생님들이 나를 처치실로 데리고 갔다.

나는 분명 기도에 호흡기를 삽입하는 부분에 동의한 적이 없는데, 수면 마취약이 들어갔고, 강제로 삽입에 들어갔다. 수면 마취가 잘 안 되었던 나는 통증을 견디며 발작을 일으켰고, 의사 선생님들은 나의 팔과 다리를 묶은 채 억지로 삽입 시술을 마쳤다. 정신을 차린 나는 입에 커다란 호스를 끼고 있어 말도 하지 못한 채 통증을 견뎌야 했고, 두 눈에선 눈물이 펑펑 흘러내렸다. 누워서 견디고 있던 어느 주말 이게 무슨 날벼락인가.

나중에 알고 보니 의료진은 보호자인 엄마에게 X-Ray 결과를 보여주며 폐에 물이 찼고, 제대로 호흡하지 못하기 때문에 관을 삽입해야 한다고 설명했으며, 동의서에 서명해달라 요청했다고 한다. 정황이 없던 엄마는 그냥 서명했던 것이었다.

통증으로 인해 호흡이 제대로 진행되지 않았고, 수술 도중 감염이 되어 패혈증까지 오게 되었다. 엎친 데 덮친 격으로 수치는 바닥을 쳐서 열이 41도까지 올라갔다. 나는 엄마의 손바닥에 사랑한다는 말을 남기고 중환자실로 내려가게 되었다.

내려가는 동안 중환자실에 대한 두려움과 죽음에 대한 공포, 여러 가지 감정이 복합적으로 느껴졌다. 당시 나의 감정을 글로 표현해 보고 싶지만, 마땅히 어떤 단어가 떠오르지 않는다.

중환자실 도착과 동시에 갑자기 살아왔던 삶이 영상으로 비치기 시작했다. 자제력을 상실한 채 바보처럼 낄낄대기 시작했다. 불행이 온몸을 덮어버렸고, 나 자신을 향한 웃음소리가 계속해서 들려왔다. 나는 심한 헛구역질과 분노를 참을 수 없었다. 도대체 나는 어디까지 망가져야 하나? 내 불행은 죽어야만 끝나는 건가? 꼬리에 꼬리는 무는 생각과 동시에 심박수는 180을 뚫고 높게 올라 더 내려올 생각이 없었다. 동생이 제일 먼저 도착해 들었던 말이 '옆에서 형의 화를 낮춰 주세요'였다고 한다.

내 상태를 지켜본 동생은 지금 당장이라도 내가 죽을 수 있단 생각에 우선 여의도 친구들에게 연락했다. 엄마는 가족들에게 연락했다. 정말 고마웠던 순간이다. 동생이 들어와 "밖에 네가 보고 싶어 하는 친구들이 와 있다. 중환자실은 면회 시간이 정해져 있고, 한 번에 두 명씩 들어와야 하니 조금만 더 견뎌보라"고 이야기했다.

여의도 친구들이 한 시간도 안 되어 10명이 넘게 와주었다는 이야기를 들었다. 나는 고마움과 동시에 기대하며 기다리고 있었다. 그런데 이상했다. 분명 뒤에 친구들이 기다리고 있다는데, 큰아빠를 포함한 큰집 식구들이 보였다. 그들은 내가 기다리던 사람이 아니었고, 응원이 아닌 동정의 눈빛으로 나를 바라보고 있었다. 중환자실 면회 규칙을 어기고 여럿이서 경호원을 밀치고 들어온 것이다.

죽음의 문턱 앞에서 친구들과 마지막 인사를 나누고 싶었던 나를 위한 행동이 아니었다. 그들의 감정은 생각 없는 행동으로 이어졌고, 주변 사람들을 욕되게 했다. 나는 면회 통제를 받았고, 병실 앞엔 두 명의 경호원이 문을 막고 있었다. 넘치다 못해 폭발해버린 분노는 붙잡고 있던 이성의 끈을 놓게 하고 있었다. 서러움의 눈물은 멈추질 않았다.

마약성 진통제를 투여받으니 잠깐 진정되었으나, 무너져 버린 나의 정신과 폐허가 되어 버린 마음속은 돌아오지 않았다. 여전히 내 머릿속은 낄낄대는 웃음이 장악하고 있었다.

나는 마약성 진통제에 엄청나게 의지하고 있었다. 조금이라도 약을 맞지 않으면 불안했다. 그걸 알고 있는 주치의 교수님이 모르핀을 조금씩 혈액으로 들어갈 수 있게 조정을 해주셨다. 그런데 문득 모르핀 주사에 의지하기 싫단 생각이 들었다. 이 세상에 불가능한 일은 거의 없다는 근거 없는 자신감이 올라오고 있었다.

레지던트 선생님에게 내일부터 모르핀을 맞지 않겠다고

이야기했다. 선생님은 '지금 당장 이걸 끊으면 굉장히 힘들 수 있다. 우선 너의 선택을 존중하기 때문에 약을 끊겠지만, 너무 힘들면 바로 이야기를 해라. 그때부턴 천천히 끊어보자'는 이야기를 해 주셨다.

모르핀이 혈액으로 들어가는 게 멈추는 순간, 말도 안 되는 오한이 찾아왔다. 약에 중독이 되어버린 몸은 계속해서 모르핀만을 외치고 있었다. 시곗바늘이 멈춘 것처럼 느껴졌다. 나의 병실은 아주 차가운 공기로 바뀌었고, 내가 살아 있는지, 죽어 있는지 정확한 판단을 하기 어려웠다. 그 순간만큼은 죽음의 공포에 모든 통증이 잊힐 정도였다.

'여기까지 왔으면 정말 많이 왔다. 이 정도면 후회 없다.' 이 악물고 버텨내기로 했다. 설령 내가 죽을지라도 약에 의존하기 싫었다. 점점 한계점에 도달했고, 죽음의 문이 열리고 있었다. 조금 더 편하게 문으로 들어가기 위해 목사님에게 전화를 걸었다.

"목사님, 이젠 스스로 놓아줄 때가 된 것 같아요. 편하게 갈 수 있게 기도해주세요."

나는 분명 삶을 마감하려고 목사님에게 전화했는데, 오히려 두 다리 멀쩡하게 일어서서 예배드리러 오게 해달라는 기도를 해주셨다. 내가 항암 치료를 시작하면서 가진 의지들이 불타오르기 시작했다. 불행과 어둠을 걷어내고, 완전히 밝은 세계를 만들어 보는 열망에 다시 한번 두 손을 모아 기도했다. 어릴 때 엄마가 나에게 해주었던 '너는 세상의 빛이 될 거야'라는 말을 무한정 반복했다. 차가운 병실 안 온몸이 떨리는 오한과 고통 속에 뜨거운 두 눈물이 볼에 흐르면서 나의 마음은 점차 따뜻해지기 시작했다. 바로 그 순간부터 마음속 무너진 기둥을 재건하려는 노력을 진지하게 시작하게 되었다.

Chapter 2

가둘 수 없어

7.

병원이라는 감옥

예전에 나는 병원 생활을 한다는 건 그저 편하게 누워서 회복되길 기다리는 줄만 알았다. 누군가 아프다는 소식을 듣고 병문안을 가면 항상 누워 있는 사람들을 봤다. 언론과 인터넷에서 아프지도 않으면서 병원에 누워 보험비를 받아내는 가짜 환자를 자주 봤고, 군대에 있을 땐 작업 중에 다치거나 입대 전 지병으로 병원에서 군 생활을 하다 만기 전역하는 사람도 봤다.

남들은 빠르게 변하는 사회 속에 치열하게 살아가는데 병원에 입원하는 사람들은 항상 편하게 있다는 인식이 강했다. 심지어 삶이 너무 고달프고 힘들 때, 차라리 크게 아파서 며칠 쉬다 오고 싶다며 대놓고 말하는 사람도 본 적 있다.

하지만, 내가 겪어본 병원 생활은 절대 편하지 않았다. 오히려 남들보다 더 일찍 일어나야 했다. 새벽 5시에 일어나 피를 뽑아야 했고, 오전 7시엔 키와 몸무게를 재야 했다. 당일 항암제의 투여량을 확인해야 하므로 이른 아침부터 전쟁을 치르듯이 움직였다.

우리 병동엔 키와 몸무게를 잴 수 있는 기계가 한 대뿐이어서 조금 늦장 부리면 남들이 끝날 때까지 기다려야 했다. 그리고 돌아와 혈압을 재고, 체온을 쟀다. 보통 아침 식사가 도착하기 전, 혈액 수치 결과가 나온다. 간호사 선생님들이 '나의 혈액 노트'에 하나하나 빠짐없이 적어주신다. 결과를 보고 하루를 어떻게 생활해야 할지 계획한다. 만약 궁금한 게 있다면 간호사 선생님들과 상의하고 일과를 짜야 한다. 오늘을 제대로 설계해야 내일을 기대할 수 있었다. 하루하루 죽음과 줄다리기하며 살아가는 건 정말 쉽지 않은 생활이다.

먹는 음식의 양과 물을 정확히 기록해야 하고, 대소변 량도 컵으로, 횟수로 기록해야 한다. 먹은 게 없으면 주사를 통해 영양제를 채워야 하고, 음식을 먹었는데 변으로 나오지 않으면 장기에 문제가 생긴 것이기 때문이다.

항암제가 들어가면 오한, 발열, 구토, 오심 등 각종 부작용과 싸워야 한다. 부작용과 싸우는 일은 사회에서 일하는 것과 차원이 다를 정도로 힘들다. 비교할 수 없는 고통이다.

나는 다른 사람들과 달리 오심과 구토를 심하게 했는데 한 시간에 한 번 구토를 했다. 오죽하면 토 바구니를 끌어안고 잠이 든 내 모습을 본 주치의 교수님께서 안쓰럽다고 할 정도였다. 고통을 잊어보려 다른 데 신경을 쓰기도 하고, 나름대로 집중력이 요구된다. 그렇게 환자들은 각자 부작용과 싸운다.

오전 9시부터 11시까지 각종 검사에 들어간다. 나는 산부인과, 피부과, 이비인후과 등 여러 군데를 돌아다녔다. 혹여나 외부인을 마주치면 '나도 밖에 나가고 싶다'는 생각이 들 정도로 답답하고 규칙적인 생활을 한다.

요일마다 정해진 교수님 회진 시간이 있지만, 내 경우 보통 점심 먹기 전에 교수님이 오셨다. 회진 한 시간 전부터 불편한 곳, 앞으로 치료 과정에서 궁금한 것을 미리 준비해 놓아야 한다. 짧으면 1분도 안 되어서 끝나지만, 괜히 까먹고 물어보지 못하면 절대 안 되었다. 내일 다시 물어봐야 하는데, 나는 불확실한 내일을 기대하기 힘들었다.

교수님 회진 중 레지던트, 간호사 선생님이 많으면 6명까지 온다. 커튼을 걷어내고 이런저런 상태를 체크하고 불편한 곳은 없는지 물어보는데 마치 동물원에 있는 동물을 지켜보는 느낌과 비슷했다. 다르게 표현한다면 실험실에서 약을 투여하고 결과를 지켜보는 것 같았다.

교수님이 웃으면서 '잘하고 있습니다'라고 말씀하시면 매우 좋은 상태이므로 확실한 내일을 기대할 수 있었다. 이야기가 길어지는 경우를 여러 번 지켜봤는데, 대부분이 결과가 좋지 못했다.

병원에 입원하는 순간 환자 번호가 생긴다. 서울아산병원은 8자리 숫자였는데, 내 군번이랑 똑같은 길이였다. 처음엔 굉장히 어색해 진료카드를 들고 다녔는데, 간호사 선생님이 시간이 지나면 자동으로 외워진다고 말해주었다. 나는 군번이 잊힐 때쯤 환자 번호를 다시 발급받은 것이다.

항암제나 각종 약을 투여하기 전, 환자 번호와 이름,

생년월일을 반드시 확인한다. 혹시라도 동명이인이 있거나, 약을 잘못 투여하는 불상사가 일어나면 안 되기 때문이다.

8자리 번호를 자동으로 외울 만큼 많이 들었던 그때, 병에 걸린 나 때문에 힘들게 움직이는 엄마를 보고 있으면 스스로가 죄인처럼 느껴졌다. 퇴원할 날만 기다리며 하루하루 버텨내는 모습, 그리고 감염 때문에 내가 먹고 싶은 음식조차 통제당하는 생활은 마치 창살 없는 감옥과 같았다.

8.
나를 일으키는 힘

누구나 살면서 한 번쯤 힘들거나 자존감이 무너지고, 자신의 모습에 실망하다 못해 결국엔 지쳐서 넘어진 적이 있을 것이다. 그때마다 각자 일어서는 방식이 다르다. 돈이 위안이 되기도 하고, 어쩔 땐 시간이 해결해 주기도 하며, 무한한 사랑의 힘으로 극복할 수도 있다.

무너질 때마다 나는 엄마와 동생을 떠올렸다. 이 세상 모든 엄마는 위대하다는 말이 있다. 온종일 구토와 고열에 시달리는 아들이 얼마나 불쌍했을지 자식 입장으로 그 속을 헤아리기 쉽지 않다. 엄마는 내 앞에서 단 한 번도 울지 않았다. 그 당시 엄마의 눈물을 봤으면 나는 정말 힘들었을 것이다. 엄마는 무너진 나를 일으켰다.

어려서부터 엄마는 부모라면 자기 자식은 다 이뻐 보인다며 우리 형제들에게 종종 잘생겼다고 말하곤 했다. 문득 나는 항암 치료받는 내 모습이 엄마한텐 어떻게 보일지 궁금해졌다.

"엄마, 머리카락 다 빠지고 피부도 완전히 망가진 내가 아직도 잘생겨 보여?"
병원 침대와 한몸이 되어 버린 내가 고개를 돌려 엄마에게 물어봤다.

"그래, 여전히 아기 같고 귀여워, 머리카락 없으면 어때, 예전이랑 똑같은데 뭐."

나는 엄마의 답변을 듣고 웃음이 터졌다. 건강할 때나 아파서 누워 있을 때나 엄마가 보는 눈은 한결같았다. 모든 부모는 자기 자식이 이뻐 보인다는데 우리 엄마도 예외는 아니라는 걸 알았다. 사람들이 무너진 나를 보며 손가락질하고, 질투해도 절대 돌아서지 않는 존재가 있다는 사실에 감사함과 따듯한 애정이 밀려왔다. 그리고 절대적인 사랑이 무엇인지 알게 되었다. 나는 백혈병 덕분에 삼형제 중 엄마랑 가장 오랜 시간을 함께한 아들이 되었다. 형과 동생이 들어보지 못한 엄마의 과거 이야기를 들으며 정말 재미있는 시간을 보냈다.

대부분의 사람은 혼자 태어난다. '인생은 원래 혼자', '혼밥' 등 우리의 일상에서 혼자라는 단어를 흔히 볼 수 있다. 그런데 나는 혼자라는 단어와 거리가 멀었다. 태어나서부터 이십 대 중반이 넘도록 한 번도 혼자였던 적이 없었다. 그래서 외로움이란 기분이 어떤 느낌인지 잘 알지 못했다.

중학생 때 동생과 학원이 끝나고 배가 고파서 닭꼬치를 먹기 위해 근처 포장마차에 갔다. 주인아저씨가 우리를 보고 한 사람이 떠오른다며 옛날이야기를 들려주었다.

지인 중 80세가 훌쩍 넘은 일란성 쌍둥이 할아버지가 있었는데, 전쟁이 끝나고 병으로 쌍둥이 형을 먼저 하늘로 보낸 동생의 이야기였다.

동생은 88세에 죽는 그날까지 쌍둥이 형을 그리워했고, 60년이 넘는 세월 동안 제대로 된 생활을 하지 못했다고 했다. 자식들에게도 이젠 형을 보러 갈 수 있어서 행복하다는 유언을 남겼다. 포장마차 주인아저씨는 너희도 사이가 정말 좋아 보인다며, 앞으로 자주 오라는 말과 함께 서비스를 주셨다.

그때 처음으로 죽음에 대해서 생각을 했다. 정말 옆에 있는 동생이 죽는다면 어떨까?, 나 역시도 떠난 동생이 그리워 일상생활을 하지 못했을 것이다. 그런데, 백혈병에 걸리면서 동화 같던 이야기가 현실이 되었다. 내가 이대로 죽는다면 동생은 나를 엄청나게 그리워할 것 같았다. 동생한테 장난삼아 내가 먼저 죽으면 앞으로 잘 살아

갈 수 있겠냐는 질문을 한 적 있는데, 그때마다 말을 회피했다. 이런 동생조차 내 앞에서 눈물을 흘리지 않았다. 엄마와 마찬가지로 내가 무너질 수도 있다는 생각을 한 것이다.

두 번째 항암을 마치고 퇴원하는 전날 밤 인생이 너무 서러워 조용히 울다 새벽이 왔다. 아침이 되어 몸무게를 재고 왔는데, 옆자리 환우 보호자가 오늘 퇴원하는 나에게 음료수를 건넸다. 그리고 밤에 조용히 울던 모습을 봤다며 뭐가 그렇게 서러웠냐고 물어보셨다. 시간 괜찮으면 잠깐 이야기를 하자고 하셨다.

그날 밤, 내가 서러움을 느낀 건 정확히 SNS를 접속하면서였다. 친구들이 대학 생활하면서 연애도 하고 여행도 다니는 게 너무 부러웠다. 그들은 나와 같은 길을 걷고 있었지만, 다른 계절을 만나고 있었다. 아프기 전으로 시간을 되돌릴 수만 있다면 돌아가고 싶었다. 자고 일어나면 멀쩡하다가도 저녁만 되면 눈물이 쏟아지기를 반복했다. 내 이야기를 들어주던 아주머니가 나에게 괜찮다는 말을 건넸다. 아직 늦지 않았으니 조바심 두지 말고 현재에 집중하라는 이야기해 주셨다. 일단 치료를 끝내고 살아야 뒤가 있단 말이다.

시간이 지나고 나서야 그 뜻을 이해했다. 우선 살아야 한다. 그게 내가 지금 해야 할 일이다. 열등감과 자존감 문제는 당장 해결할 수 있는 문제가 아니며, 세상 모든 사람이 하나씩 가지고 있다. 나만 힘든 문제가 아니다. 나는 침대에 누워 제대로 걷지도 못하는 무기력한 나를 건강한 사람들과 비교하며 혼자 상처받고 있었다. 내가 아프지 않았다면 무엇을 하고 있었을까? 이런 질문을 굉장히 많이 하고 있었다. 그런데, 만일이라는 가정은 그저 현실에서 도피하는 것일 뿐 해결책을 주지 못했다.

사람을 통해 많은 상처를 받기도 하지만, 사람을 통해

큰 위로를 받기도 한다. 치료받는 동안 진심으로 나를 기억하고 걱정해주는 사람들이 있었기에 나는 다시 일어설 힘을 얻었다. 삶이 너무 힘들다는 사람이 한 명씩 꼭 있다. 나는 그들에게 명확한 해결책을 주는 초능력을 가지고 있지 않지만, 그들의 이야기를 듣고 이 말을 전한다.

'주변을 잘 살펴보면 당신을 응원하는 사람이 반드시 있다.'

9.
저 구름 뒤엔
무슨 일이 벌어지고 있을까?

날씨가 조금씩 추워지고 있는 어느 날이었다. 눈부신 아침 햇살을 보며 오늘도 두 눈을 뜰 수 있는 것에 감사했다. 그러나 몸은 여전히 39도로 뜨거웠다. 밖의 사람들은 패딩을 입고 다닐 텐데, 나는 몸속에 원하지 않는 보온재가 멈추지 않고 있었다. 고개를 돌려 창문을 바라봤다. 병실을 창가 쪽으로 배정을 받았는데, 실제로 밖을 본 건 이번이 처음이었다.

창밖 구름을 보니 유난히 구름을 좋아했던 친구가 떠올랐다. 같이 한강을 걷다가 문득 신기한 게 떠올랐다고 좋아했다. '여기 있는 모든 사람은 각자가 이 세상의 주인공일 텐데' 우리도 우리의 시각으로만 세상을 바라보고 있다는 것이다. 너무 기뻐하는 모습에 나도 같이 맞장구치며 이런저런 이야기를 주고받았다. 짧은 대화였지만 많은 생각을 할 수 있었다.

내면 깊숙이 내려가 보면 사람은 누구든지 사랑을 원하고 있다. 인생에서 사랑과 건강보다 중요한 건 없다. 또, 누구나 자기를 중요하게 생각한다. 저 구름 뒤의 주인공들은 무슨 일을 하고 있을지 궁금해지기 시작했다.

나는 그 친구와의 추억을 회상하며 오전 시간을 보내고 있었다. 열 때문인지 약 때문인지 정신이 몽롱해져 구름에 둥둥 떠 있는 기분이 들었다. 약에 취해 현실과 꿈을 구별하고 있지 못한 것 같다. 거친 숨을 몰아쉬며 천장과 창가를 왔다 갔다 하는 동안 내 눈의 초점은 중심을 못 잡고 있었다.

"이번에도 거절당했어."

내 눈은 맞은편 환자분의 목소리에 정신을 차렸다. 한숨을 푹 내쉬는 그의 모습은 안쓰럽기도 했고, 걱정되기도 했다. 정말 고달픈 모습이었다. 조혈모세포를 기증하기로 약속한 분이 끝내 거절한 것이다. 이것으로 세 번째 거절이다.

백혈병 환자는 조혈모세포 이식을 받지 못하면 병이 악화하여 잘못되는 경우가 많다. 완치 판정을 받기 위해선 최종 단계인 조혈모세포 이식을 해야 한다. 이식 종류는 타인 동종 이식, 자기이식, 형제 동종 이식, 반 일치 이식이 있다. 유전자가 일치할수록 이식편대숙주반응(이식 거부 반응)이 약하게 오기 때문에 웬만하면 동종 이식을 하는 것이 좋다. 동종 이식이란 유전자가 백 퍼센트 일치하는 이식을 말한다. 병마다 치료 방법이 다르지만, 대부분은 형제 동종 이식을 한다. 나도 큰형의 조혈모세포를 기증받았다.

가족 중에 유전자가 일치하는 사람이 없다면 어쩔 수 없이 타인의 조혈모세포를 받아야 한다. 그런데 기증하겠다던 사람이 마지막까지 와서 거절을 하는 경우가 있다. 하루만 희생한다면 한 사람을 살릴 수 있을 텐데, 번복하는 사람들이 정말 미웠다.

그러나 정작 내가 거절한 사람들의 입장이 되어 생각해 보니 거절하는 이유도 어느 정도 납득이 되었다. 앞서 친구가 말한 것처럼 그들은 자기가 주인공인 세상을 살아가고 있다. 이기적인 행위는 인간의 본능이다. 수화기 너머 모르는 사람을 위해 자신을 희생한다는 건 쉽지 않은 행동이다. 대부분의 사람은 생각과 행동이 일치하지 않는다. 본인은 도덕적인 사람이라 생각하지만, 실제로 그렇게 행동하지 않는다.

시간이 흘러 외래 진료를 갔다. 간단한 X-Ray 촬영을 하고 나오는데 나를 알아보는 사람이 있었다. 한 달 전

처음 항암 치료를 할 때 맞은편 아저씨 보호자였다. 분명 오랜만에 만나서 반가워야 하는데, 안부를 묻기 전에 나는 불안한 느낌이 들었다.

기증자에게 여러 번 거절당하셨는데, 잘 해결하셨는지 물어봤다. 해외에서 일치하는 사람을 찾았는데 시간이 오래 걸리고 비용도 만만치 않았다고 하셨다. 그래서 아들 조혈모세포를 받아 반 일치 이식을 했는데, 이식편대숙주반응(이식 거부 반응)이 심하게 와서 결국 버티지 못하시고 먼저 하늘로 가셨다고 했다. 그리고 나에게 꼭 마지막까지 버텨서 반드시 먼저 간 아저씨 몫까지 살라며 부탁하셨다.

"제가 꼭 해내겠습니다."

이상하게 눈물이 흐르지 않았다. 반드시 살아야 한다는 사명감이 슬픔을 눌렀다. 휠체어를 타고 있었지만,

바퀴를 스스로 굴릴 수 있을 만큼 힘이 났다.

집으로 돌아가는 길에 많은 생각을 했다. 골수 이식이란 단어가 무섭다는 이유로 조혈모세포 이식이란 이름으로 바뀐 만큼 사람들이 더 많은 관심을 가졌으면 좋겠다. 나는 항상 받는 입장이었지만, 단 한 순간도 감사하지 않은 날이 없었다. 수혈과 조혈모세포 기증은 건강한 사람이 할 수 있는 최고의 기부라고 생각한다.

각자 주인공의 삶을 사는, 이기적일 수밖에 없는 사람들. 저 구름 뒤엔 무슨 일이 벌어지고 있을까? 나는 상상 속에서 남이 되어 보기도 했다. 해가 지고 하늘에 있는 어둠이 내려오기 전 일기장을 펴고 적어 내려갔다.

'할 수 있다. 이겨낼 수 있다.'

10.

가장 소중한 것을 내려놓다

주치의 교수님과 담당 간호사, 엄마와 나. 총 넷이서 병원 비디오방에 갔다. 이곳은 이식 과정에 대해서 빠짐없이 설명해 주고 최종 서명을 하는 장소다. 쉽지 않은 과정임을 알고 있었지만, 그래도 무서웠다. 억울함이 올라오기 시작했다.

'왜 하필 나일까?'

불행을 겪는 사람들이 가장 많이 하는 질문 중 하나일 것이다. 이런 질문은 다시 하지 않기로 했지만, 상황이 심리를 만들었다.

"교수님, 저는 이 세상에서 가장 불쌍한 녀석입니다. 극소수만 겪는 항암의 부작용, 히크만 시술 실패, 막창자꼬리 수술, 그 외에 작은 것까지 항상 실패하는 저는 너무 불공평한 삶을 사는 것 같아요." 이런 말을 해봤자 고통과 번민이 생길 뿐인데 참지 못하고 억울함을 쏟아내고 말았다.

"연승아, 우리가 지금 대화하고 있는 순간에도 교통사고로 인해 손 써보지도 못하고 죽는 사람들이 있다. 같은 죽음을 놓고 보면, 너는 치료를 통해서 살아날 수 있다. 먼저 가신 분들에겐 죄송하지만, 그들과 너를 비교하자면 삶은 불공평하지 않다. 오히려 네가 더 축복받은 것이다. 교수님 믿고, 큰형 조혈모세포 이식받아 보자. 분명 좋은 결과 있을 거야." 주치의 교수님께서 침착하게 나를 위로해주었다. 정말 감사했다. 덕분에 용기가 생겼고, 억울함을 걷어낼 수 있었다.

멀리서만 바라보던 서울아산병원 74병동 무균실 문 앞

에 섰다. 조혈모세포 기증자인 큰형은 회사 일로 바빠서 오지 못했고, 가족 넷이서 마지막 사진을 찍었다. 내가 살아 있는 동안 남기는 마지막 사진이다. 무균실에 들어가는 순간 '나'라는 존재는 이 세상에서 사라져야 했다. 그리고 큰형의 조혈모세포를 이식받아 새로운 존재로 태어나는 것이다.

병원은 따뜻했는데, 오한을 느꼈다. 한 달 전 충수 돌기 수술을 받았을 때 느꼈던 두려움과 다른 유형의 두려움이었다. 이곳에서 어떤 일상이 기다리고 있을까, 죽음이란 녀석이 두 팔 벌려 나를 맞이하고 있었다. 시간은 거꾸로 매달아도 간다는 믿음을 가지고 행동하기 시작했다. 첫발을 내딛는 순간 여러 개의 문이 보였다. 가진 소지품을 간호사 선생님들에게 전달하고 옷을 갈아입었다.

"오늘 하루는 편하게 주무세요. 진짜 치료는 내일부터 시작됩니다."

간호사 선생님이 완벽하게 소독한 내 물건들을 가지고 왔다. 오늘은 마음을 편하게 가지기로 했지만, 몸과 마음은 따로 움직이기 시작했다. 식은땀이 흐르기 시작했다.

우선 내가 있어야 할 방을 둘러보는데, 침대 옆에 구토 바구니가 있었다. 등골이 오싹해졌다. 무균실에서 치료제로 이 세상에 존재하는 가장 강력한 항암제를 맞는다. 그리고 호중구가 0이 되기 전 토끼 혈청을 맞게 된다. 나는 무엇보다 토끼의 피를 맞는 게 가장 무서웠다. 그러나 무서워도 여길 들어온 순간 어쩔 수 없다. 23년을 살아온 나의 조혈모세포는 일주일 만에 항암제로 점철된 생을 마감해야 했다.

'불운했던, 어쩌면 굉장히 불쌍한 녀석아. 그동안 수고 많았다.'

살면서 가장 불편했던 밤을 보내고 아침을 맞이했다.

본격적인 치료가 시작되었다. 나는 치료 초반 기세등등하게 항암제와 맞서 싸웠다. 하루가 별일 없이 지나가는 듯했다. 얼른 일기장을 폈다. '나는 내가 죽는 순간과 과정을 빠짐없이 기록할 것이다.' 저 문장을 마지막으로 펜 한번을 잡지 못했다. 일기장을 덮는 순간부터 쉬지 않고 구토를 했다. 나는 물도 제대로 먹지 못했는데 어찌나 많은 것들이 쏟아지는지 정말 신기했다.

새벽부터 환각 증세가 나타났다. 옆에 동생이 있기도 했고, 엄마가 보이기도 했다. 친구들이 와서 말도 걸어주고 행복했다. 그런데 그들은 내 말이 들리지 않는 듯 보였다. 서운한 마음에 소리쳤지만 목소리 대신 구토만 쏟아질 뿐이었다. 작은 블루투스 스피커와 핸드폰을 연결해서 음악을 들었다. 현실과 꿈을 계속해서 왔다 갔다 하며 헤매고 있었다. 기다리면 분명 더 나은 하루가 올 것이라는 막연한 기대에 정신을 붙잡았다.

아침인지 밤인지 헷갈렸다. 나는 그저 정신을 잃고, 구토하기를 수십 번 반복했다. 구토 바구니를 꼭 껴안고 정신을 잃은 나를 주치의 교수님이 깨웠다.

"진토제를 투여하고 있는데도 많이 힘드니? 바구니를 껴안고 있구나."

"네, 그래도 견뎌보겠습니다." 힘들면 참지 말라는 말과 함께 오늘도 힘내라고 응원해 주셨다.

환각인지, 현실인지 모르겠지만 교수님의 응원이 현실이라고 믿었다. 3일 뒤면 나는 토끼 혈청을 맞고, 완벽하게 세상에서 지워진다. '고맙고, 미안해. 다시 태어나면 꼭 잘 살아 볼게.' 조금이라도 정신이 남아 있을 때 나에게 인사하고 싶었다.

그 후로 어떤 감정도 느끼지 못했다. 그저 구토를 하다 보니 3일이 지나 있었다. 간호사 선생님이 드디어 토끼 혈청을 가지고 오셨다. 두려움이 혈관을 타고 들어오기 시작했다. 그날 저녁 다시 한번 고열, 구토, 환각을 경험했다. 제대로 몸을 가누지도 못하면서 화장실로 갔다. 떨리는 손으로 간신히 세수했다. 어젯밤 너무 울어서인지, 약 때문인지 모르겠지만, 두 눈은 퉁퉁 부어 있었다. 자리로 돌아와 멍하게 천장을 바라봤다. 실내가 빙빙 돌아가는 것처럼 어지러웠고, 어둠이 편할 것 같아 두 눈을 감았다. 그러던 중 친한 동생에게 전화가 왔다.

"오빠 내일 이식이라며? 잘 하고 와. 항상 응원하고 있어, 날짜 한번 기가 막히네! 그날은 내 생일이야." 꿈과 현실을 구별하지 못한 채 고통 속에 허우적대던 내 정신이 번쩍 들었다. 이식 날이 다가온 것이다. 나의 조혈모세포가 완전히 파괴되어야 하는데, 제대로 집중하지 못하고 있었다.

큰형의 조혈모세포를 무려 6시간 동안 모았다. 그리고 그 소중한 희생이 내 심장으로 흘러 들어왔다. 미안했고,

정말 고마웠다. 그런데 나는 제대로 된 인사를 할 수 없었다. 셀 수 없을 정도로 많은 구토에 식도가 망가져 목소리가 나오지 않았다. 심한 통증에 침을 삼킬 수 없었다.

모르핀이 없으면 물 한 모금 마시는 게 힘들었다. 나는 겉으로는 멀쩡했지만, 혼자 생리 현상도 해결하지 못했다. 인간다운 인간이 아니었다. 그저 하루만 맛있는 걸 마음껏 먹고, 편하게 늦잠 자고 일어나서 개운하게 씻고 싶었다. 통증 없는 하루가 간절했다. 시간이 흐르면 언젠간 잊힐 이 고통스러운 순간을 확실하게 기억하고 싶었다. 앞으로 고통스러운 순간이 여러 번 오겠지만, 이것보다 힘든 일은 없을 것이라 굳게 믿었다.

그날 이후 나는 깊은 잠을 잘 수 없었다. 혹시라도 눈을 감으면 내일이 오지 않을 거라는 불안감이 나를 덮었기 때문이다. 아주 컴컴한 어둠 속에서 혼자 서 있었다. '하나님, 끝이 보이지 않는 이 어둠 속에서 빛이 되게 해

주세요.' 두 손을 모아 기도하면서 좀 더 아름답게, 앞으로 남은 삶을 살기 위해 나 자신을 내려놓아야 했다. 그렇게 나는 소중한 목숨을 버리기 시작했다.

11.
끝이라고 생각했던,
그곳에서 시작된다

건강은 인생에서 가장 소중한 자산이다. 대부분의 사람은 건강을 너무나 당연하게 여기고, 함부로 여긴다. 심지어 자기가 타고 다니는 자동차를 건강보다 더 신경 쓰거나, 들고 다니는 가방, 옷 등 사소한 것에 더 집중한다. 병에 걸리기 전까지 나도 그랬다. 그런데 건강이 무너지고 나니 소중함을 뼈저리게 느꼈다.

인터넷에서 어떤 강연의 내용이다. 강사가 칠판에 '100,000,000'이란 숫자를 적었다. 그리고 청중들에게 "여기 적혀 있는 숫자가 여러분 통장에 찍혀 있다면 많아 보이나요?"라며 질문을 했다. 이어서 1억 원이 적게 느껴질 수도 있다며 0 두 개를 더 붙였다. 그 자리에 있던 사람들은 마치 지금 자기 통장에 100억 원이라는 큰돈이 있는 것처럼 모두 기뻐했다.

강사가 다시 질문을 했다. "앞에 적혀 있는 '1'이 무엇일까요?" 누군가는 열정이라 답했고, 노력이라고 말하는 사람도 있었지만, 정답은 바로 '건강'이었다. 건강을 잃으면 뒤에 숫자가 아무리 많아도 소용없는 것이었다. 건강 앞에선 돈은 아무런 의미 없는 숫자에 불과하다.

애플 창업자이자 아이폰, 아이패드를 출시하고, IT업계에 새로운 바람을 일으킨 스티브 잡스의 이야기이다. 그는 사업 분야에서 정말 큰 성공을 거두었고, 남들이 보기에 그의 인생은 성공의 상징이다. 그런 그도 죽음 앞에서 무기력한 모습을 보였다.

"일을 제외하면 제겐 기쁨이 없었습니다. 큰 부를 이뤘다 해도 그저 익숙해져 있는 제 삶의 사실일 뿐이죠. 지금, 이 순간 병상에 누워 제 모든 생애를 되돌아볼 때 많은 생각을 하죠. 제가 그렇게도 자부심을 느꼈던 모든 사회적 인정과 부는 임박한 죽음 앞에서 희미해지고 아무런 의미도 없다는 것입니다. 어둠 속에서 저는 생명을 연장해 주는 기계의 초록빛과 소음을 보고 들으며 죽음에 신의 숨결이 점점 더 가까이 다가오는 것을 느낄 수 있습니다. 지금, 이 순간 저는 비로소 깨닫습니다. 우리가 목숨을 부지할 수 있을 정도의 부를 축적했을 때 우리는 부와 전혀 관련 없는 다른 일들을 추구해야만 한다는 것을. 차를 대신 운전해 주고 돈을 대신 벌어줄 사람들 고용할 수는 있으나 대신 병을 짊어지고 대신 죽어 줄 사람을 고용할 수는 없습니다. 사람은 수술대에 들어서야 비로소 깨닫게 됩니다. 반드시 읽어야 할 책이었는데 읽지 않은 책이 한 권 있었다는 걸, 그 책의 제목은 건강한 삶입니다."

건강에 대해 아무리 강조해도 직접 잃어보지 않으면 모른다. 건강할 때 건강을 챙기는 사람이 가장 현명한 삶을 사는 것이다. 나는 골수 이식이 끝나고 퇴원을 하면 모든 게 끝날 줄 알았다. 그런데 생각해 본 적 없는 재발이 걱정되기 시작했다. 만약 병이 재발한다면, 여태 했던 치료보다 더 높은 강도로 치료해야 한다. 불안감이 밀려왔고, 덜컥 겁이 났다. 다시 생긴 소중한 생명에 엄청난 애착이 생겼다. 건강엔 끝이 없고, 평생 동반해야 하는 영순위 파트너이다.

나는 어려서부터 힙합을 좋아했다. 어디든지 가서 랩을 하면 모두가 좋아해 줬다. 성인이 되고 군대에 다녀오니 음악보단 자연스럽게 공부에 몰두했다. 그리고 공부가 더 좋아졌다. 병에 걸리고 치료받으며 어렸을 때 미련이 남아있던 음악을 해 보고 싶었다. 나의 모든 것이 항암제로 인해 파괴되었지만, 단 한 가지, 목소리는 여전했다.

음악에는 치유의 힘이 존재한다. 성경 속 하나님의 영이 떠난 사울 왕이 정신적인 고통 속에 헤매고 있을 때

다윗이 음악으로 치유해준다. 나 역시 치료받을 때 음악을 통해 큰 위로를 받았다. 받은 만큼 돌려주고 싶다는 마음으로 내가 남들에게 치유의 힘을 전해주고 싶었다. 그 자리에서 노트를 펴고 환우를 대상으로 가사를 쓰기 시작했다. 그런데 해본 적 없던 내가 막상 시작하려니 어떻게 시작해야 할지, 갈피를 못 잡았다. 그래서 무작정 학창 시절 존경했던 뮤지션이자 프로듀서에게 연락했다.

"백혈병을 이겨내는 청년입니다. 음악을 만들어 환우들에게 들려주고, 그 음악이 흐르는 곳에 치유의 힘이 있길 바랍니다. 제가 어떻게 시작해야 할지 모르겠는데, 혹시 도움을 주실 수 있으신가요?"

감사하게도 강남 작업실로 오라는 답장을 받았다. 면역력이 약하지만, 마스크를 쓰고 긴장된 발걸음을 내디뎠다. 어려서부터 정말 좋아하던 뮤지션에게 노하우를 전수받고, 같이 작업을 하는 과정이 정말 꿈만 같았다. 어쩌면 백혈병에 걸리기 잘했다는 생각마저 들었다.

평소에 친구들에게 하고 싶었던 말, 아픈 몸을 이끌고 이스라엘에 가서 느꼈던 감정, 치료받으며 했던 과정들을 기억하며 가사를 쓰기 시작했다. 그리고 녹음을 하기 위해 마이크 앞에 섰을 때 많은 치유를 받았다. 백혈병 치료는 병원에서 받고, 정신적인 치료는 음악을 만들며 받았다. 무엇보다 내가 좋아하는 일을 하면서 지낼 수 있다는 것에 행복했다. 아주 천천히 다섯 곡을 만들었고, '한국 백혈병 환우회' 환우들, 보호자들 앞에서 공연할 수 있었다. 목표를 달성한 성취감에 너무 감사했다.

당시 나는 몸과 마음, 정신 상태까지도 망가져 있었다. 아무것도 할 수 없을 거라 생각했고 그저 누워 천장만 바라보고 체념했다. 남들과 비교하며 안 좋은 생각은 꼬리에 꼬리를 물고 나락까지 떨어졌다. 그런데 문득, 건강이 파괴되기 이전과 똑같은 게 무엇인지 '단 한 가지'에 집중했다. 그것은 바로 목소리였고, 좋아하는 일과 맞물려 큰 감사를 몰고 왔다.

'그곳에서 시작되네' 내가 평소에 즐겨 듣는 마커스 워십의 찬양 제목이다. 끝이라고 생각했던, 그곳에서 시작된다는 말이 입술에 닿아 현실로 이루어지는 순간이었다.

Chapter 3

감사

12.

억지로라도 웃어 보자,

거울 속에 비치는 넌 내가 아니야

시간이 지날수록 예전의 내가 잊히고 있었다. 아무런 이유 없이 화를 내면서까지 그리운 내 모습을 찾으려 애썼다. 현실에서 벗어나기 위해 열심히 뛰어봤지만 결국 붙잡히고 말았다. 병원 옷을 입는 순간 내가 누군지 여기가 어디인지 정확히 구별이 되었다. 그럴수록 예전 나의 존재는 점점 더 희미해졌다.

이식받고 나오면 면역력이 거의 0인 상태로 시작한다. 그래서 감마글로불린이란 면역 증강제를 맞으러 병원에 가야 하는데, 갑자기 소변에 피가 섞여 나오는, 말로 표현하기 힘든 통증이 찾아왔다. 화장실에 가기 두려웠다. 문득 익숙한 느낌을 받았다. 몇 개월 전 항암 치료를 막 시작할 때 화장실 거울 보기가 두려웠던 내 모습과 일치했다.

누구나 한 번쯤 전날 라면을 먹고 자서 얼굴이 퉁퉁 부어올랐거나, 숙면을 제대로 취하지 못해 초췌해진 자기 모습을 본 적 있을 것이다. 그때마다 다른 존재가 거울 속에 있다고 느꼈을 것이다. 하루아침에 머리가 다 빠진 모습과 통증을 견디려 빨갛게 된 피부, 눈을 뜨기 힘들 정도로 부어 버린 얼굴. 나는 거울 속에 내가 알던 모습과는 전혀 다른 누군가 서 있는 걸 봤다. 그리고 그게 '나'라는 사실에 자괴감이 들었지만, 무슨 영문인지 모르게 피식 웃음이 새어 나왔다.

스스로가 불쌍해서? 너무 못생겨서? 그렇다. 모든 감정이 복합적으로 들어 있는 웃음이었다. 『지금 바로 써먹는 심리학』에 등장하는 심리학자 윌리엄 제임스는 행복하기 때문에 웃는 게 아니라 웃기 때문에 행복한 것이라고 했다.

사람은 웃기만 해도 찡그린 사람보다 행복감을 더 느낄 수 있다. 거울을 보고 행복한 척을 하기로 했다.

나는 거울 속 나에게 미소를 건네 봤다. 한 번 두 번 하다 보니, 불행보다는 행복이 찾아왔다. 그리고 거울을 향해 '넌 할 수 있다'는 말을 해 주었다. 소변의 통증에도, 눈물이 고일 정도로 아파도, 항상 마무리는 웃음이었다. 지속해서 웃어주니 어느덧 출혈성 방광염이 잡히기 시작했다. 샤워하기 전후, 나는 지속해서 긍정적인 말을 거울 속 나에게 건네었다. 단기적으로 효과는 있었지만, 인간의 감정은 언제든지 돌변할 수 있기 때문에 계속해서 해주어야 장기적으로 효과를 볼 수 있을 것 같았다.

이식받은 지 1년이 지났을 때였다. 주치의 교수님에게 이스라엘 성지순례에 다녀오겠다고 말했다. 굳이 지금 가야겠냐며 말리셨다. 형의 조혈모세포가 잘 생착되었지만 그래도 아직 불안한 상태였다. 나는 지금 아니면 기회가 없을 것 같다고 교수님을 설득했다. 가서 조심하라는 당부와 함께 허락해 주셨다. 그리고 먹어야 할 약도 잔뜩 챙겨 주셨다. 언제든지 병원에 전화해서 상태를 보고하기로 했다.

도착해서 괜찮은 척하려 애썼지만 매일 밤 정말 힘든 고비들이 여러 번 있었다. 그러나 후회하지 않았다. 나는 교수님이 챙겨주신 약을 꼬박꼬박 챙겨 먹으며 하루를 잘 버텨냈다. 그러던 중 엔게디라는 곳에 도착했다. 그곳은 바위로 뒤덮여 있었는데 폭포가 떨어지고 있었다. 골리앗을 물리친 다윗이 자기를 질투하는 이스라엘의 사울 왕을 피해 도망친 곳이다.

다윗은 사울이 무서워서 골리앗의 고향인 블레셋으로 가서 숨었다. 블레셋은 이스라엘과 적대 관계를 가진 곳이었다. 적국까지 쫓아오지 않으리라 믿었기 때문이다. 그런데 오히려 적진에서 다윗을 알아보기 시작했다. 다윗은 모두가 보는 앞에서 침을 흘리며 벽에 낙서한다. 다윗이 도망을 치던 때가 나와 비슷한 나이인 것으로 알고 있다. 모든 걸 내려놓고 살기 위해 미친 척하는 다윗이 존경스러웠다. 자존감이 무너져 내렸을 것이다.

견딜 수 없는 걸 견뎌내야 했고 눈물이 차오르는 밤이 여러 번 있었다. 무너지더라도 다시 희망을 좇으며 살아남았다. 다윗처럼 어떻게든 살아야 그 뒤가 있다는 걸 잊어선 안 된다. 거울을 볼 때마다 자존감이 무너지고 우울해지는 무한의 고리를 끊어내야 했다. 겉모습이 마음에 들지 않아도 괜찮다. 내가 가진 외부의 상처를 내면의 세계에 그대로 전달하면 안 된다. 자기 자신을 무시한다면 사람들은 나를 더 무시한다는 걸 알게 되었다.

내 모습을 잃어버린 나에게 긍정적인 말을 수년간 반복해도 좋은 날이 오지 않았다. 그런데도 오늘도 샤워하면서 거울 속 나에게 한마디 한다.

"살아내느라 힘들었지, 넌 할 수 있다. 반드시 더 좋은 날이 올 거야."

13.

세상을 보는 눈이 바뀌다

 지금 내가 죽는다면, 사람들은 나를 어떻게 기억할까? 운 없는 애, 군대 전역하자마자 암 걸린 애, 불쌍하게 죽은 애 등으로 기억될 것 같았다. 사람 일 어떻게 될지 모른다. 인생 한 방에 훅 간다는 말은 어느 정도 공감할 수 있는 말이다.

 병원에서 '젊어서 부럽다'는 말을 가장 많이 들었다. 나이가 어리니까 체력이 좋아서 금방 이겨낼 것이란 좋은 의도였지만, 위로가 되지 않았다. 나는 무엇보다 청춘을 병원에서 보내야 하는 게 싫었다. 젊은 암 환자들은 신진대사가 활발해 암 전이가 더 빠르다는 이야기도 있다. 대부분 젊은 환자들은 완치 판정과 동시에 사회로 나가야 하는데, 암 환자였던 사람을 평범한 사람처럼 바라보는 사람은 거의 없다. 젊은 암 환자들은 남들보다 더 어두운 미래를 봐야 했다. 그들의 젊음을 부러워해선 안 된다.

나 역시 미래에 대한 불안과 공포가 남들과 비교해 더 커져만 갔다. 당당하게 백혈병을 이겨내고도 '암 환자'라는 타이틀은 고운 시선을 가져오지 못했다. 한없이 차가운 세상이란 걸 깨닫게 된 사건이 있었다.

공학 전공은 실험실을 다녀야 했고, 졸업 후 현장 근무는 건강에 위험했다. 그래서 시기에 맞게 심리학을 배우고 싶어 전과 신청을 했다. 그런데 시작부터 잘못되었다. 면접에 오지 말라는 전화를 받았다. 나는 다시 한번 잘 이야기해서 면접을 봤지만, "아픈데 학교 다닐 수 있겠어요?"라는 질문을 받았다. 머릿속이 하얗게 되었고, 세상이 빙빙 돌기 시작했다. 열심히 답변했지만, 결과는 이미 면

접관 눈빛에 쓰여 있었다. 한국 백혈병 환우회에서 진행하는 인터뷰에서, 나처럼 완치 환자로 인터뷰를 하러 왔던 아저씨가 떠올랐다. 그분이 병을 이겨내고 있는 것에 자부심을 느끼고 있다는 나에게 했던 말이 기억났다. "연승 씨, 앞으론 투병 생활에 대해 무조건 숨겨야 합니다. 사회는 정말 차가운 시선으로 바라볼 거예요."

안 그래도 힘든 병을 이겨냈는데, 더 큰 벽 하나가 세워져 있었다. 억울하기도 했고, 막막했다. 병원에서 내가 다시 일어선다면 꼭 이루고자 했던 일들이 망상이 될 것만 같았다. 그런데 여기서 무너지기 싫었다. 이솝우화에 있는 여우와 신 포도 이야기가 떠올랐다. 여우는 과수원을 서성이다 높은 포도나무 가지에 달린 포도송이를 발견했다. 흐르는 침을 삼키며 뒤로 물러섰다가 포도를 따기 위해 점프를 했다. 하지만 안타깝게 한 번도 성공하지 못했다. 여러 번 시도했지만 결과는 같았다. 한 번도 성공하지 못한 여우는 쓸쓸하게 과수원을 나오면서 말했다.

"어차피 신 포도여서 맛이 없을 거야." 여우는 과수원을 나오면서 포도를 바라보는 시선이 바뀌었다.

실패한 자신의 모습을 보고, 실패에 변명했다. 나는 먹지도 못하고 쓸쓸하게 과수원을 나오는 여우가 되기 싫었다. 절대 무너지지 않으리라 다짐했고, 내 행동을 정당화하지 않기로 했다. 실패해도 다른 분야에 도전하기로 했다.

시중에 나와 있는 자기 계발 서적을 보면 '매일 긍정적으로 생각하라.' '꿈을 꾸고 상상해라, 그러면 이루어진다.' '아침 시간을 활용해라.' 등 자극적인 말이 많이 나온다. 정말 그럴듯하게 들렸다. 하지만 나는 매일 긍정적으로 생각하기 힘들었고, 상상만으로 내 현실은 극적인 변화를 볼 수 없었다. 턱없이 부족했다. 아쉽게도 나에겐 이러한 글이 도움이 되지 않았다.

아주 사소한 것부터 변화시키려고 노력했다. 골수 이식

을 마친 환자는 이식편대숙주반응이라는 이식 거부 반응을 막기 위해 면역 억제제를 먹는다. 그런데 특이하게 이 약은 오전 9시와 오후 9시 열두 시간 간격으로 오차 없이 먹어야 했다. 별장에 약을 두고 와 여의도에서 파주까지 30분 만에 갔던 일화도 있다. 그 이후로 9시에 대한 강박감이 생기기 시작했고, 잠을 편하게 못 잤다. 덕분에 '시간'이란 재화에 대해 생각해 볼 수 있었다.

시간의 공급은 완전 비탄력성을 지니고 있다. 우리가 무슨 수를 써도 생산 불가능한 유일한 자원이다. 재미있는 건 누구에게나 공평하게 이 자원이 분배되고 있다는 점이다. 그런데 죽으면 나만 이것을 못 받는 것이다. 어린 나는 이게 너무 불공평하다고 생각했다. 주변을 돌아봤는데 매일 늦잠 자고, 게임하고, 놀러 다니고, 목표 없이, 생각 없이 사는 사람들이 꽤 많다는 걸 알게 되었다.

나는 시간을 못 받을 생각에 억울해하고, 두려워 잠을

못 이루기도 했는데 그들은 시간을 아주 펑펑 잘 쓰고 있었다. 그래서 나는 완치 판정을 받았을 때, 시간을 잘 활용하는 사람으로 기억되고 싶었다. 생각을 바꾼다는 것이 말하기는 쉽지만, 실천하는 것이 정말 어렵다. 수많은 시행착오를 겪었지만, 9시에 일어나 약을 먹어야 했던 때를 떠올렸고, 그 시간을 5시, 6시로 앞당겼다.

병실 침대에 누워있을 때 엄마가 옆에서 늘 들으시던 목사님의 설교를 같이 듣자고 틀어 놓았다. 당시 나는 너무 아파서 정확히 듣진 못했지만 어느 한 부분이 나의 가슴에 깊이 새겨졌다. 그것이 나의 인생관이 되었고, 더 나아가 신앙관이 되었다.

여호와의 말씀이니라 너희를 향한 나의 생각을 내가 아나니 평안이오 재앙이 아니니라 너희에게 미래와 희망을 주는 것이니라. (예레미야 29:11)

내가 백혈병으로 죽음을 생각하는 걸 하나님께서 다 알고 계셨다. 이것은 재앙이 아니라 미래와 희망인 것이었다. 나는 이 세상에 불가능한 일은 거의 없다고 믿기 시작했다. 어떤 일을 하면서 불가능하다고 믿고, 자신의 존재를 낮추는 일은 백해무익한 행위인 것이다. 나는 내 마음에 집중하기로 했다. 그리고 성경 말씀을 놓지 않기로 결심했다. 불가능이 없는, 실패가 없으신 하나님이 나와 함께하신다면 모든 것이 가능할 거라는 자신감이 생겼다. 계속해서 선포하니 두려움이 걷히고 세상을 보는 눈이 바뀌기 시작했다.

14.
내가 나를 사랑해 보는 거야

문제는 인간관계였다. 대부분의 사람이 그렇듯, 사람을 통해 기쁨을 얻기도 하지만, 많은 상처를 얻기도 한다. 골수 이식을 받은 지 1년이 조금 넘었을 때, 주치의 교수님에게 복학하겠다고 말했다. 좀 더 늦어지면 너무 늦게 학교를 졸업할 것 같은 조바심이 들었다. 몸 상태는 정상이 아니었지만, 천천히 학교 수업에 나갈 수 있다는 자신감이 생기기 시작했다. 퉁퉁 부은 얼굴 때문에 눈을 제대로 뜨기도 힘들었고, 이식편대숙주반응으로 피부가 완전히 망가져 있는 상태였다. 감염에 취약해 어딜 가든 항상 마스크를 쓰고 다녔다.

군대를 전역한 뒤 학교에 복학했을 때 좋은 성적을 받아야겠다는 목표가 있었고, 그 목표를 달성할 수 있었다. 성적은 항상 상위권에 있었다. 그런데 복학 후 나의 목표는 오로지 '졸업'이었기 때문에, 성적보다 출석 일수를 채우는 게 중요했다. 복학 신청을 완료하고, 학과 사무실에 갔다. "안녕하세요, 제가 매주 병원 외래가 있어서 학기당 채워야 하는 수업을 알 수 있을까요?" 마스크에 모자를 푹 눌러쓴 내 상태는 누가 봐도 좋아 보이진 않았다. 그런데 조교의 답변은 나의 가슴에 대못을 박았다. "너 그렇게 하고 어떻게 학교 다니려고 하냐? 백혈병 다 낫고 오든지."

지금 와서 생각해보면 나를 걱정해주는 마음으로 그렇게 말했을 것이다. 그러나 당시 나는 백혈병이 다 낫고 오란 말에 큰 상처를 받았다. 약만 먹고 며칠 푹 쉬면 낫는 감기처럼 생각하고 말하는 것이었다. 몇 개월 전 내가 구토 바구니를 끌어안고 자던 모습, 시간에 강박감이 생길 정도로 정해진 시간에 약을 챙겨 먹어야 했던 모습, 엄청난 통증과 중환자실에 누워 한없이 천장을 바라보며 눈물 흘리던 모습이 머릿속에 스쳐 지나갔다.

"백혈병은 완치 판정을 받더라도 평생을 짊어지고 가야 하는 병입니다. 그렇게 쉽게 낫는 병이라면 누구든 쉽게 털고 일어나겠죠. 복학해서 학교 다닐 수 있습니다." 이후 나는 전과 신청을 비롯해 많은 차별을 느꼈지만, 그들의 손가락질을 다 받아내리란 결심을 했기 때문에 크게 신경 쓰지 않을 수 있었다. 사람들에게 상처를 받을지언정, 패배하긴 싫었다. 이런 경험 덕분에 자신을 더 믿고 '용기'라는 말로 무장할 수 있었다.

누구나 사랑받고 존중받을 수 있는 자격이 있다. 모든 사람은 그렇게 태어난다. 그런데 무시당하고, 사랑받지 못한다고 느끼거나, 자기 주관이 없으면 자존감이 무너져 내린다. 그리고 한번 무너진 자존감을 다시 세우는 건 굉장히 힘들다.

외적으로 망가진 나의 겉모습을 보고 실망했다. 주변에 나를 사랑하는 사람이 많음에도 불구하고, 그들을 전혀 보지 못했다. 이런 모습으로 남에게 사랑받기 어렵다고 생각했다. 심지어 나는 자신을 전혀 사랑하지 않았다. 어딜 가든 무시당한다고 생각했다. 집에 돌아오면 '그때 왜 그랬을까? 그러지 말았어야 했는데'라며 자책했고, 그 과정을 반복하면서 자존감이 내려갔다.

낮은 자존감 때문에 항상 화가 많았다. 옆에 있는 동생에게 별거 아닌 일로 화를 냈다. 화를 실컷 내면 기분이 풀릴 줄 알았는데, 그렇지 못했다. 오히려 주변에 적을 만들고, 그때 생긴 이미지는 어떻게 해도 지워지지 않았다. 화를 낸다는 건 받은 상처를 상대방에게 그대로 주는 행위라는 걸 뒤늦게 깨닫게 되었다.

자존감이 높다면 얼마나 좋을까. 분명 그런 사람은 누가 봐도 좋은 삶을 살아가고 있다고 말할 수 있을 것이다.

여기에 이 말을 덧붙이고 싶다. 누구든 한 번쯤 바닥을 찍어봐야 한다는 사실을. 왜냐고? 분명히 세상을 바라보는 더 넓은 시야를 가질 수 있기 때문이다. 하버드대에는 이런 명언이 전설처럼 전해진다. '다른 사람보다 뛰어나고 싶으면 남보다 더 많은 고난을 견뎌라.' 전적으로 동감한다. 나 역시 그렇게 생각한다. 낮아진 자존감을 부둥켜안고 살아가는 것은 또 하나의 고난임에 분명하다. 물론 더 큰일을 하기 위한 사람에게 주어지는 특권과 같은 고난임도 충분히 알고 있다.

마음에 병이 생겼을 때 골든타임이 있다. 짧은 시간 내에 빨리 치료하지 못하면 정말 큰 흉터로 남게 된다. 우선 중심을 올바르게 잡을 필요가 있었다. 나는 '나 자신을 제대로 알고 싶었다.' 그래서 지인들에게 내가 어떤 사람인지 물어봤다. 그들의 피드백이 좋았지만, 우선 내가 나를 칭찬하고, 챙기기 시작했다.

깊게 호흡하며 치료받던 모습을 떠올리기 시작했다. 스스로 호흡하지 못하고, 기계의 도움을 받아 호흡을 해야만 했던 나는 지금 고통스러운 모든 감정을 병 안에 넣고 보이지 않는 선반에 보관하기로 했다. 가끔 생각하지 못한 시련 폭풍이 와서 선반에 올려놓은 병을 떨어뜨려 그때 감정에 다시 한번 괴로워할 수 있겠지만, 나는 그들이 떨어지지 않기를 바란다.

유대인들은 안식일에 뒤를 돌아보고 위를 보고 앞을 본다. 뒤를 돌아보며 지나온 날을 깊이 반성하고 위를 보며 하나님께 기도하고 앞을 보며 미래를 준비한다. 검색보다는 사색하는 것이다. 열등감과 낮은 자존감 때문에 나의 시선은 정말 엉뚱한 곳에 있었다. 이제부터 시선은 옆이 아닌 앞에 두고, 한눈팔지 말고 가자.

15.

다시 태어나다

　'이번 생은 망했다'를 줄인 말로 '이생망'이란 신조어가 유행하기 시작했다. 누구나 그렇듯 한 번 더 살 수 있게 된다면 지금과 다른 삶을 한번 살아 보고 싶을 것이다. 나는 골수 이식을 통해 완벽하게 죽고 다시 태어나 새로운 삶을 살 좋은 기회를 얻었다. 예전엔 큰 목표 없이 그냥 살아 있기만 했다. 그래서 이번엔 전혀 다른 삶을 살아 보고 싶었다.

　생산적이고, 올바른 생활을 하기로 했다. 세상에 좋은 흔적들을 남기고, 한계를 뛰어넘는 성취감을 느끼며 성공하고 싶은 작은 목표가 생겼다. 아쉽게 끝나버린 첫 번째 삶의 목표는 간절한 목숨이었다면, 두 번째 삶은 간절한 성공이었다. 생명을 소중하게 여기고 새롭게 열린 길을 바라보고 나아가는 것이다.

더 큰 도약을 위한 숨 고르기 정도가 아니었다. 성공의 문을 열지 못하는 사람은 그 문을 열 용기가 없다. 긍정적인 자기 암시, 야망의 크기가 그 사람을 결정한다. 좌절 속에서 아주 조금씩 변화하기 시작했다. 죽음의 공포에 무릎 꿇지 않고, 오히려 보란 듯 멋지게 일어섰다. 극적인 변화는 믿지 않는다. 하루아침에 내가 병을 털고 일어서지 못한 것처럼 왕도를 찾으려 노력하기보다 천천히 한 걸음씩 내딛는 걸 목표로 했다.

"형은 왜 책을 읽어요?" 학교 후배가 나에게 질문했다. 나는 또래 친구들과 비교해 책을 한두 권 더 읽는 편이었고, 어디를 가든 두 손에 책을 들고 다녔다. "내가 진짜 성공한다면 어떨까? 후배들에게, 다음 세대에게 하고 싶은 말이 있지 않을까? 성공한 사람들과 시대를 뛰어넘어 대화할 수 있는 유일한 수단이라고 생각해." 대답은 항상 정해져 있었다. 그런데 내가 책을 읽는 진짜 이유는 따로 있었다. 어느 날 심리학 관련 책을 끝까지 읽고 덮었는데, 마지막 저자의 말에 '이 책은 나의 40년간 연구 기록을 바탕으로 쓰인 책입니다'라는 문구를 봤다. 나는 저자의 40년을 5시간으로 살 수 있었다. 이것이 내가 정말 책을 읽는 이유이다. 독서란 '시간을 살 수 있는 유일한 방법' 이다.

미국 제16대 대통령인 에이브러햄 링컨은 '책 두 권 읽은 사람이 한 권 읽은 사람을 지배한다.'라고 말했다. 링컨 이외에도 마이크로소프트 창업자인 빌 게이츠, 버크셔 해서웨이를 이끄는 오마하의 현인 워런 버핏 등 독서를 강조하는 사람들은 매우 많다. 내가 아프지 않았다면 시간의 소중함과 독서의 중요성을 알았을까? 나는 그 누구보다 병에 걸리기 전 나 자신을 잘 알고 있다. 흐르는 시간에 몸을 맡긴 채 소중함을 전혀 깨닫지 못하고 그냥 그저 그런 삶을 살았을 것이다.

성경 레위기엔 여러 가지 제사 방법이 등장한다. 그중에 번제는 제물 전체를 태워서 하나님께 드리는 것으로 감사를 표현할 때, 헌신을 다짐할 때, 죄를 속할 때 실행한다. 번제는 가져온 제물을 직접 죽이면서 시작한다. 죽은 것이 확인되면 각을 뜨고, 남은 가죽만 제사장에게 준다. 그리고 전부 소각한다. 사도 바울은 로마서 12장 1절을 통해 너희 몸을 하나님이 기뻐하시는 거룩한 산 제물로 드리라고 말한다. 나는 백혈병 선고를 받는 순간 죽은 몸이었다. 번제가 시작된 것이다. 각 뜨는 것은 히크만 삽입, 조직 검사, 골수 검사 등 내 몸에 칼을 대는 것과 비슷했고, 불로 모든 것을 태우는 건 항암제를 통해 나의 모든 세포를 태우는 것과 비슷했다.

우리가 살아가는 삶 속에는 '욕망'이 있다. 잘 사용하면

득이 되지만, 잘못 사용하면 독이 되는 경우도 있다. 살아야 한다는 욕망, 어떻게든 세상의 빛이 되고자 하는 욕망이 나를 다시 태어나게 했다. 영원히 잊지 못할 백혈병 치료 과정, 나는 변했다.

16.

난 확신해,

넌 이 세상의 빛이 될 거야

　투병 생활을 하며 헛된 시간이 하나도 없었다. 글을 쓰며 그 시절을 회상해 보았다. 나는 크게 성장해 있었다. 병에 걸리기 전과 후 나는 많이 변했다. 종종 주변 사람들에게 예전에 알던 네가 아니라는 말을 듣는다. 죽음이 무엇인지 경험해 봤으니 당연히 변할 수밖에 없다. 나뿐만 아니라 건강이란 가장 큰 재산을 잃어본 젊은 사람이라면, 모두가 그럴 것이다. 시간이 소중해졌고, 주변 사람들에게 감사하기 시작했다. 고맙다는 말은 미안하다는 말을 이길 수 있다는 걸 명심하자.

　육체적 고통이 지나면 정신적 고통이 찾아온다. 정신적

인 고통을 없애는 방법은 정말 다양하다. 한순간 모든 게 나아지는 기적은 없다고 말한 것처럼. 고통이라는 건 지속적인 성찰과 훈련이 필요하다. 일단 고통이 시작되면 모든 사람이 공통적인 질문을 한다. '왜 하필 나에게 이런 시련이!' 나 역시 그랬다. 고통과 불행은 친구이다. 고통이 시작되면 불행도 같이 시작된다. 모든 인간은 고통과 불행을 겪는다. 그리고 거기서 좌절하는 사람도 있는가 하면, 오히려 극복하고 새롭게 태어나는 사람도 있다. 나는 고통의 시작 단계에서 주저앉을 수도 있었다. 그러나 포기하고 싶지 않았다. 오히려 현명하게 이겨내고 싶었다. 이 모든 걸 견뎌내기로 마음먹은 순간부터 내 인생의 전성기였다.

우리는 각자 서로 다른 방식으로 세상을 살아가고 있지만, 일 년에 한 번 평생 가지고 갈 추억을 쌓는다. 그리고 그 추억을 얻기 위해 지루하고 평범한 일상을 견뎌낸다. 하루가 엉망진창으로 끝나도 나중에 돌이켜보면 웃으며 이야기할 날이 반드시 온다. 그러나 너무 힘들다면 도망치는 것도 방법의 하나다. 나는 사람에게 상처를 받고 괴로워 어쩔 줄 모르는 상황에서 그 사람을 변화시키려 노력하지 않았다. 용서했지만, 신뢰하지 않았다. '상처를 받을지라도 패배하고 싶지 않다'고 계속 덤벼들면 결국 지는 건 나였다. 그걸 깨닫는 순간 나는 망가진 후 알게 되었다. 그러니 도망치자. 모든 순간이 추억이 될 것이다.

교회 다니는 사람이 지나가다 총에 맞으면 "하나님이 일찍 데리고 가셨을 거야"라고 말한다. 만약 총알이 급소를 빗겨 나가면 "하나님께서 크게 사용하시기 위해 너를 살려주신 거야" 하며 기도한다. 내가 백혈병에 걸렸을 때 교회 다니지 않는 지인들이 이와 같은 비교를 많이 했다. 어찌 되었든 너는 하나님과 연관 지어 생각했을 것이라고 했다. 나는 인간에게 주어진 피할 수 없는 결정인 운명을 기도하며 하나님과 같이 만들어가고 싶었다. 그리고 불행을 위로해주어 힘을 넣어준 사람들을 위해 살아갈 것이다. 하나님이 나를 세상에 살려둔 이유가 있을 것이다. 그리스도의 향기를 뿜는 사람이 되는 것이 내 비전이자 사명이다.

2021년 2월 18일 백혈병 완치 판정을 받았다. 혈액내과 간호사 선생님들이 이제 서른을 바라보는 나를 보며 "막내였던 너도 나이를 많이 먹었구나"라고 말했다. 마지막 외래 진료, 여전히 긴장되는 발걸음으로 주치의 교수님을 만나러 방으로 들어갔다. "연승아, 이식 5주년 축하해, 오늘 수치는 정상이야, 앞으로 병원 오지 않아도 돼. 그래도 가끔 병원에 와서 인사하고 가, 증명서라도 있으면 하나 써 줄 텐데 그런 게 없네! 앞으로 건강 관리 잘하고 조심해서 가." 교수님의 마지막 말이었다. 나도 모르게 웃음이 나왔다. 항상 불안하고 초조했던 병원에서 이렇게 환하게 웃어본 적 있었나, 기분이 좋으면서 한편으론 쓸쓸했다.

이렇게 병원 생활이 끝이 나는구나. 나는 이런 허무한 감정을 느끼기 위해 6년을 기다리고 있었던 것일까. 정말 다시 오지 않아도 되는 것일까. 모르겠다. 이왕 이렇게 된 거 평생 병원에 오지 않아도 될 정도로 건강하게 살아야겠다. 무균실에서부터 인연이 닿아 외래 진료 올 때마다 만났던 간호사 선생님은 한 아이의 엄마가 되었고, 자주 보던 환자들이 하나둘 병원에서 안 보이기 시작했다. 다들 어디선가 선한 영향력을 뿜고 다닐 것이다. 6년이라는 시간은 굉장히 긴 시간이다. 그러나 뒤돌아보면 짧게 느껴지듯, 나 역시 그렇게 느꼈다. 군대를 전역할 때 위병소를 나오던 해방감, 아쉬움과는 거리가 멀었다.

 아무튼 나는 손 흔들어 주는 간호사 선생님들을 보며 6년 동안 이어지던 병원 생활에서 퇴근했다. 그들의 따뜻한 응원과 포근한 다독임 덕분에 고통이 추억이 되었다. 끝이 보이지 않는 긴 터널을 통과했다. 옆엔 외로움, 고통, 불행이 함께했다. 종점에 도착하고 하늘을 바라보니 웃음이 나왔다. 항상 따라다니던 녀석들이 없어야 했는데, 여전히 함께 있었다. 지금 이 세상을 살아가는 사람들도 마찬가지로 외로움과 고통, 불행이 함께하겠지. 그래도 가끔 행복과 기쁨이 찾아오기에 힘을 내어 산다. 누군가에겐 마지막이 되는 장소이자, 누군가에겐 시작이 되는 곳인 병원을 나오면서 그동안 나에게 못했던 말을 했다.

"이제 시작이야. 난 확신해, 넌 이 세상의 빛이 될 거야."

에필로그

 여러분들에게 들려주고 싶었던 이야기는 이렇게 끝났습니다. 그러나 저의 새로운 인생 이야기는 이제부터 시작입니다. 건강을 잃고 나서야 세상을 깨닫게 된 걸까요? 죽음의 두려움 앞에 한없이 작아지는 인간의 모습을 보았습니다. 때론 마음이 무너지기도 했고, 무서운 항암제로 뼈가 으스러지는 고통을 느껴보기도 했습니다. 그런데도 저는 아직 살아 있습니다. 이런 힘든 과정을 이겨낸 덕에 삶의 흐름이 크게 바뀌기 시작했습니다. 이전에는 없던, 감사하는 마음이 생겼죠.

 누구에게나 청춘은 존재합니다. 그리고 청년 시절은 어김없이 자신의 삶 속에 농축되어 남게 됩니다. 참 재미있는 사실은 젊은 사람들에게 건강에 대해서 아무리 이야기 해도 잘 듣지 않는다는 것입니다. 지금의 건강이 지속될 거라 믿기 때문이죠. 저는 세상을 살아가는 데 가장 중요한 것은 돈, 명예가 아닌 건강이라고 생각합니다. 한 살이라도 어릴 때 우리 몸에 관해 관심을 가져야 합니다.

 때론 용기도 필요합니다. 나의 아픔을 누군가의 탓으로 쉽게 넘어가려 하지 않나요? 혹은 누군가로부터 받은 상처가 명백하게 보이나요? 둘 다 상처로부터 자신을 지켜야 합니다. 전 남들과 비교하며 자신을 굉장히 질책했습니다. 우울이란 우물을 파고 들어가며 어느 순간 지쳤습니다. 그러고 나서 큰 용기를 가지고 망가진 나의 청춘을 용서하기로 다짐했습니다.

 침착하게 자리에 앉아 써 놓은 일기를 보며 그 시절을 회상하고 있습니다. '그땐 그랬지' 회심의 미소가 지어지네요. 왜 그렇게 나에게 상처를 주었는지 모르겠습니다.

앞서 말한 것 같이, 여러분들 모두 세상을 행복하게 살아갈 권리가 있습니다.

저와 같이 세상의 긴 터널을 지나고 계신 분이 많을 거라 생각합니다. 하루하루가 너무 버겁고, 내일이 두렵지 않은가요? 또 내 인생이 가장 불행하다고 생각하진 않나요? 제가 여러분의 어려움에 완벽하게 공감해 주진 못합니다. 그러나 각자의 위치에서 다른 힘듦을 견뎌냈기에 따듯한 말을 건네주고 싶네요.

하나님은 여전히 살아서 우리 곁에 계십니다.

하나님은 죽지 않으셨습니다. 혹 기도해도 삶이 나아지지 않고, 오히려 더 불행해진다며 그분을 원망하고 계시지 않나요? 그는 여전히 살아서 우리 곁에 계신다고 말하고 있습니다. 세상의 즐거움을 따라가다 보니 영적인 귀가 닫혔고, 아무리 이야기해도 듣지 못하고 있습니다.

내가 죽지 않고 살아서 여호와께서 하시는 일을 선포하리라 (시편118 :17)

다윗은 자신을 시기하고 질투하는 사울 왕을 피해 도망치며 여러 번 죽을 고비를 넘겼습니다. 이후 통일왕국 시대에 일어나는 모든 전쟁을 하나님에게 맡겨 드리는 믿음이 있었습니다. 그는 '죽지 않고 살아서 여호와께서 하시는 일을 선포하는' 인생을 살았습니다. 저는 비록 다윗에 비해 작은 믿음을 가지고 있지만, 큰 충성을 다해 이 땅에서 하나님이 여전히 살아 계신다는 걸 반드시 증명해 내고 말겠습니다.

그러나 내가 가는 길을 그가 아시나니 그가 나를 단련하신 후에는 내가 순금같이 되어 나오리라 (욥 23:10)

성경 속의 욥은 사랑하는 가족, 재산 등 정말 많은 걸 한순간에 잃었습니다. 그러나 그는 하나님을 원망하지 않앉죠. 오히려 겉옷을 찢고 엎드려 경배하는 모습을 보여줍니다. 신앙이 있으신 분은 이번 기회에 욥기를 한 번 더 묵상해 보시길 바랍니다. 교회에 다니지 않거나 성경을 읽어보지 않으신 분이라도 꼭 한번 읽어보시길 바랍니다.

(Pray)

사랑이 많으신 하나님 아버지
빛이 보이지 않는 광야에서 저를 감싸 주시고,
불기둥과 구름 기둥으로 길을 인도해 주심을 감사합니다.
때론 주님을 부인하고 십자가에 못 박기도 했습니다.
제가 잘못했습니다.
그런데도 저를 포기하지 않고 붙잡아주셔서 감사합니다.
언제 어디서든 저와 함께해 주시고,
힘들땐 하나님의 날개 아래 숨을 수 있게 해 주시옵소서.
부족한 저에게 책을 허락해 주셔서 감사합니다.
주님, 이 책이 선한 뜻을 이뤄 지친 영혼에 도움이 되게 하여 주시옵소서.

언제 어디서든 겸손으로 나아가고
세상의 것을 좇는 제가 되지 않게 하소서.
매 순간 주님의 사랑을 가슴 깊이 새겨 놓겠습니다.
감사드리며 살아 계신 예수그리스도 이름으로 기도드렸습니다. 아멘.